AF312148

RECUEIL

DE

POESIES

DE M. SEDAINE.

SECONDE ÉDITION,

Revue & augmentée des Pieces faites depuis la premiere, & de plusieurs Airs notés.

A LONDRES,

Et se trouve à Paris,

Chez Duchesne, Libraire, rue S. Jacques,
au-dessous de la Fontaine S. Benoît,
au Temple du Goût.

M. DCC. LX.

AU LECTEUR.

UN Livre fans Préface , eſt une femme de condition ſans rouge ; cela n'annonce point. Auſſi ai-je envie d'en mettre une à ce Recueil ; & pour la rendre plus ſinguliere, j'ai deſſein d'y dire la vérité. Ainſi je me garderai bien de dire pour excuſe de ce que je me fais imprimer, que mes amis m'ont forcé de donner ces Vers au Public ; qu'on me les a dérobés ; que je ſçavois qu'on alloit en faire une édition informe. Non , ce n'eſt point tout cela. Il y a quelque tems qu'on imprima une petite Piece intitulée : *Epitre à mon Habit.* L'Editeur en avoit ſupprimé les Vers de la fin, & la faiſoit finir par une virgule ; ce qui n'y mettoit aucun ſens. Le Mercure du mois ſuivant en retrancha encore une douzaine de vers ; de ſorte que loin de reſſembler à certain Poëme qu'on a vû croître d'édition en édition juſqu'à la ſeptiéme, mon Epître couroit le riſque d'être à la fin réduite au ſeul titre. Cependant malgré ſon irrégularité , il ſe trouva pluſieurs Rimeurs aſſez modeſtes pour vouloir l'adopter. Je l'appris, & mon amour-propre s'en autorifa pour me faire abjurer le ferment de ne me jamais faire imprimer. Vous êtes, me difoit-il, foupçonné d'un menfonge, d'un plagiat ; le cas eft férieux, la probité y eft intéreffée, réclamez votre Epître ; & pour juftifier le droit que vous y avez, joignez-y quelques nouvelles productions à peu-près du même ton : on fera plus difpofé à croire que vous l'avez faite, lorfqu'il fera démontré par pieces de comparaifon que vous avez pû la faire. L'amour-propre eft perfuafif : je volai fur le champ chez un Libraire, mon Epître à la main. Monfieur, me dit-il au premier coup d'œil, on a déjà vû cela ; & puis, toujours des feuilles volantes ! Faites-nous des volumes, Monfieur, des volumes. On ne vous demande pas des chefs-d'œuvre ; mais que cela fupporte une reliûre.

J'avois mon corps de réferve en poche. J'ai peut-être, lui dis-je, ce qu'il vous faut. Mon homme fit mine de parcourir des yeux quelques Pieces, & me dit dédaigneufement : j'ai dans l'idée que cela ne fera pas fortune ; fongez qu'on ne connoît pas votre nom, & le nom fait paffer bien des chofes. J'aurois pû répondre que le nom ne fait pas les Pieces ; que ce font au contraire les Pieces qui font un

om ; que le plus illuftre de nos Ecrivains
n'avoit point de nom , lorfqu'il avoit débuté ;
& bien d'autres chofes dont peut-être il ne
m'auroit pas fçu gré : mais je renfermai mon
dépit, ferrai mes Pieces, & les envoyai droit
à la Haye , d'où elles font revenues tout im-
primées. Je leur fouhaite une bonne fortune :
mais je ne pouffe pas la préfomption jufqu'à
m'affurer qu'elles l'auront ; car le tems eft
paffé, où l'on fe faifoit une grande réputation
avec de petits Vers. J'ai regret , au lieu de
m'être amufé à ces frivolités, de n'avoir pas
donné une Piece au Théâtre. Au cas qu'elle
n'eût pas pris , j'aurois eû du moins la confolation de pouvoir dire : c'eft une cabale qui
a prévalu ; c'eft un Acteur qui a mal joué ;
c'eft le froid , c'eft le chaud : mais pour un
Recueil imprimé, fi on ne l'achete pas, tout ce
que j'aurai à dire , c'eft que le goût s'éteint
en France ; qu'on ne penfe plus ; qu'on ne fent
plus même : & je crois que je le dirai.

J'ai mis fort à leur aife ceux qui voudront
me deviner ; non pas que j'aie placé au Fron-
tifpice , ni mes qualités , ni l'anagramme de
mon nom : mais on lira quelques détails qui
pourront au moins faire deviner ma profef-
fion ; & je m'attends bien que quelque lecteur,
qui y aura pris garde , pourra me dire par
forme d'avis : *Soyez plutôt Mâçon.*

Mais pourquoi ne ferois-je pas Mâçon &
Poëte ? Apollon , mon Seigneur & Maître
a bien été l'un & l'autre. Pourquoi ne tien-
drois-je pas un petit coin fur le Parnaffe auprès du Menuifier de Nevers ? Pourquoi n'af-
focierois-je pas ma truelle au villebrequin
de Mᵉ Adam. Je fçais bien qu'on a lieu de
fe défier qu'un Mâçon Poëte ne mâçonne
mal , & qu'un Poëte Mâçon ne faffe de mé-
chans Vers. Là-deffus j'ai fait mon choix,
j'aime encore mieux paffer pour mal verfi-
fier , que pour mal bâtir ; c'eft pour vivre que
je fuis Mâçon : je ne fuis Poëte que pour rire.

Noᴛᴀ. Quoique cette Préface , qui convenoit à la premiere édition de mes ouvrages,
convienne moins à celle-ci , & manque de
jufteffe en quelques circonftances , je l'ai laif-
fée telle qu'elle étoit , parce qu'on m'a dit
qu'elle avoit plu ; & j'aurois de la peine à en
faire une nouvelle qui eût le même fort.

A

A
MADAME L. C.

ONTRE le cœur en vain la raison se mutine,
Il est toujours en nous un penchant qui do-
      mine ;
Malgré tous nos efforts il perce, & se fait jour;
Et de tous nos penchans le plus fort, c'est l'amour.
Il est pourtant des cœurs que le ciel fit de glace,
Devant qui deux beaux yeux n'ont jamais trouvé grace ;
Et qui n'ont, sans amour, qu'un mouvement distinct,
Qu'on doit à la nature, & qu'acquitte l'instinct.
Mais qu'ils ne soient pas fiers de ce triste mérite :
D'un penchant, quelqu'il soit, le cœur n'est jamais quitte,
Son vuide lui fait peur ; & s'il ne peut aimer,
Il se crée un objet qui puisse l'enflammer.
Tel en un lieu stérile, un flexible lierre
Obligé de ramper tristement sur la terre,
S'accroche à des cailloux, si ses tendres rameaux
Ne peuvent point atteindre aux branches des ormeaux.
Mais cette phrase en vain seroit brillante ou neuve :
Une comparaison ne peut servir de preuve.
La vérité veut plus, & pour la prouver mieux

A

Un exemple à l'instant se présente à mes yeux.
  Près d'un tas de papiers barbouillés d'écriture,
Orgon enveloppé dans une couverture,
Depuis trois jours entiers ne vivant que de pain,
Reste sur son pupitre une plume à la main.
Du doux plaisir d'aimer loin que son cœur jouïsse,
Orgon, le sombre Orgon ne croit pas qu'on le puisse.
Mais quels sont les accès qui viennent le troubler ?
Pour savoir ce qu'il fait, écoutons-le parler.
» Divin problême, enfin je viens de te résoudre,
» Et tes difficultés se réduisent en poudre.
» Ma joie à ces calculs ne peut se contenir.
» Si je n'avois passé ces trois nuits sans dormir,
» Serois-je si content ? Algebre, que j'adore,
» Tu me fais triompher : oui, nouveau Pythagore,
» Enchanté du succès qui vient combler mes vœux,
» Aux Muses volontiers j'immolerois cent bœufs.
  Orgon, à votre avis, n'a-t-il pas dans son ame
Un objet qui vaut bien une amoureuse flamme ?
Et dans ses mouvemens céde-t-il à Dracon,
Qui passe à soûpirer trois nuits sous un balcon ?
Citerai-je Damis qu'un penchant invincible
Fait voler sur les pas d'un sanglier terrible ?
D'autre côté Cléon fait venir à grands frais
Des livres recherchés, & ne les lit jamais.
Entouré de serins de différens plumages,
Drusus passe sa vie à nettoyer des cages.

Alcidas d'une main faite pour l'esponton,
S'occupe à découper des châteaux de carton.
Nommerai-je l'Acteur, le Joueur, le Fleuriste ,
Le.... que sçais-je ? On auroit plutôt fait une liste
De ces auteurs sans verve & de ces étourneaux
Qui de leur froids écrits grossissent nos journaux.
    Aussi foible qu'eux tous , souvent dans mon délire
En grand secret j'ai pris , ou cru prendre la lyre ;
Et sage en même-tems je laissois mes écrits
Dans le réduit obscur où leur sort les a mis.
Mais vous avez , Philis , étourdi ma prudence ;
Je ne pus sur mes Vers observer le silence ;
Enivré de l'encens d'un éloge flatteur ,
Je dis : Ils sont de moi. Vainement un auteur
S'obstine à se cacher ; la vanité contrainte
Paroît sur son visage , & démasque la feinte.
    Sotte présomption ! Quand le Ciel bienfaisant
D'un esprit enchanteur m'auroit fait le présent ,
L'état qu'il m'a prescrit est peu fait pour l'étude,
Et le Dieu du Parnasse aime la solitude.
Boileau dans des jardins qu'ornoit le chevrefeuil
N'étoit importuné que des oiseaux d'Auteuil.
Libre du triste soin qui sans cesse m'opprime ,
Son seul travail étoit de chercher une rime ;
Par lui cent artisans dirigés , employés ,
De leurs travaux par lui n'étoient pas soudoyés ;
Des maçons effrénés , des manœuvres rustiques

Ne l'étourdiſſoient point de leurs accens gothiques.
Il pouvoit plaire, hélas ! le Ciel à ſes pinceaux
Ne préſentoit jamais que de riants tableaux.
Admiré dans Paris, ſortoit-il de la ville :
Un Sage, un Lamoignon, l'attendoit à Baville.
Libre enfin dans ce lieu cet homme vraîment grand
Permettoit aux vertus de diſpoſer du rang ;   .
Et la poudre du greffe au Satyrique illuſtre,
Bien loin d'être une tache, étoit un nouveau luſtre.
S'il ſe livroit au feu qui produit les bons Vers,
Il ne les offroit point aux yeux de l'Univers,
Que de ſages amis, que des eſprits ſublimes,
N'euſſent dans le creuſet épuré ſes maximes,
Et ſéparé l'or faux qu'il falloit rejetter.
Eh ! quels ſont les amis que j'ai pû conſulter ?
Sont-ce ces Limoſins, que, comme l'hirondelle,
L'hiver fait diſparoître, & le printems rappelle ?
Seroit-ce un Auvergnac, un Suiſſe, un Bas-Normand,
Qui ne ſait de françois que ce mot ; De l'argent ?
Heureux, heureux encor qu'en proie aux barbariſmes
Je ne faſſe en parlant que quelques ſoléciſmes,
Et qu'admettant des mots de différens patois,
Je n'écrive des Vers Picards & Champenois !
Oui ; mais, me dira-t-on, jadis dans l'abondance
Quelqu'un prit ſoin du tems qui ſuivit votre enfance.
Ma vanité craint peu de lever le rideau,
Et de mes premiers jours regarder le tableau.

Avant que le soleil pénétrant l'atmosphére
Eût porté ses rayons jusques sur l'hémisphére ,
Arraché chaque jour à l'humble matelas ,
Où souvent le sommeil me fuyoit quoique las ,
J'allois les reins ployés ébaucher une pierre ,
La tailler , l'applanir , la retourner d'équerre.
Souvent le froid m'ôtoit l'usage de la voix ,
Et mon ciseau glacé s'échappoit de mes doigts.
Le soleil dans l'été frappant sur des murailles ,
Par un double foyer me brûloit les entrailles.
La rigueur des saisons , la peine de mes mains ,
N'étoient que mes travaux , & non pas mes chagrins ;
Un tempérament foible , une santé peu ferme ,
N'annonçoient à mes maux que le trépas pour terme ;
Et l'âge déployant en moi le sentiment ,
Par ce présent funeste augmentoit mon tourment.
Enfans efféminés de Virgile & d'Horace ,
Est-ce là le chemin qui conduit au Parnasse ?
Et Thalie , à des doigts chargés de durillons ,
A-t-elle osé jamais confier ses crayons ?
Mais devrois-je oublier que ma Muse craintive
Rendit souvent , Philis , votre oreille attentive ?
Que même votre main à mes foibles écrits
Sut , en les transcrivant , donner un nouveau prix ?
Que votre estime fut la preuve la plus rare
Du succès.... Mais je sens que ma plume s'égare ;
Votre bonté fit tout ; hélas ! cette bonté

A iij

Eſt dans votre exiſtence une néceſſité;
Les Dieux vous l'ont donnée, afin de nous apprendre
Que jointe avec l'eſprit, l'ame peut être tendre,
Vertueuſe, ſenſible, & ne goûtant, comme eux,
De bonheur que celui de faire des heureux.
Faites-en un, Philis, acceptez mes ouvrages,
Peu connus, il eſt vrai : mais s'ils ont vos ſuffrages,
Et ceux de cet époux rival de vos vertus,
Ils ſeront trop payés, je ne veux rien de plus.

RECUEIL

DE

POESIES

DE M. SEDAINE.

EPITRES, ET DISCOURS.

A MON HABIT.

AH! mon habit, que je vous remercie,
Que je valus hier, grace à votre valeur!
Je me connois; & plus je m'apprécie,
Plus j'entrevois qu'il faut que mon Tailleur,
Par une secrette magie,
Ait caché dans vos plis un Talisman vainqueur;

Capable de gagner & l'esprit & le cœur.
Dans ce cercle nombreux de bonne compagnie,
Quels honneurs je reçus ! quels égards ! quel accueil
Auprès de la maîtresse & dans un grand fauteuil,
Je ne vis que des yeux toujours prêts à soûrire,
J'eus le droit d'y parler & parler sans rien dire.
            Cette femme à grands falbalas
        Me consulta sur l'air de son visage ;
            Un Blondin sur un mot d'usage ;
            Un Robin sur des operas ;
Ce que je décidai fut le *nec plus ultrà.*
On applaudit à tout, j'avois tant de génie !
            Ah ! mon habit, que je vous remercie !
            C'est vous qui me valez cela !
        De complimens bons pour une maîtresse
            Un petit-maître m'accabla,
            Et, pour m'exprimer sa tendresse,
Dans ses propos guindés me dit tout Angola.
            Ce Poupart à simple tonsure,
Qui ne songe qu'à vivre, & ne vit que pour soi,
Oublia quelque tems son rabat, sa figure,
            Pour ne s'occuper que de moi.
Ce Marquis, autrefois mon ami de Collége,
Me reconnut enfin, & du premier coup d'œil
            Il m'accorda par privilége
Un tendre embrassement qu'approuvoit son orgueil.
Ce qu'une liaison dès l'enfance établie,

Ma probité, des mœurs que rien ne dérégla,
    N'eussent obtenu de ma vie,
    Votre aspect seul me l'attira.
    Ah ! mon habit, que je vous remercie !
    C'est vous qui me valez cela.
    Mais ma surprise fut extrême :
    Je m'apperçus que sur moi-même
    Le charme sans doute opéroit.
    J'entrois jadis d'un air discret ;
Ensuite suspendu sur le bord de ma chaise
J'écoutois en silence, & ne me permettais
    Le moindre si, le moindre mais ;
Avec moi tout le monde étoit fort à son aise,
    Et moi je ne l'étois jamais ;
    Un rien auroit pû me confondre ,
    Un regard, tout m'étoit fatal ;
    Je ne parlois que pour répondre ;
    Je parlois bas, je parlois mal.
Un sot Provincial arrivé par le coche
Eût été moins que moi tourmenté dans sa peau ;
    Je me mouchois presqu'au bord de ma poche ;
    J'éternuois dans mon chapeau.
On pouvoit me priver sans aucune indécence
    De ce salut que l'usage introduit,
    Il n'en coûtoit de révérence
    Qu'à quelqu'un trompé par le bruit.
    Mais à présent, mon cher habit,

        A v

Tout eſt de mon reſſort , les airs , la ſuffiſance ;
Et ces tons décidés , qu'on prend pour de l'aiſance ;
Deviennent mes tons favoris :
Eſt-ce ma faute , à moi , puiſqu'ils ſont applaudis ?
Dieu ! quel bonheur pour moi, pour cette étoffe,
De ne point habiter ce pays limitrophe
Des conquêtes de notre Roi.
Dans la Hollande il eſt une autre loi.
En vain j'étalerois ce galon qu'on renomme ;
En vain j'exalterois ſa valeur , ſon debit ;
Ici l'habit fait valoir l'homme ,
Là l'homme fait valoir l'habit.
Mais chez nous, (Peuple aimable,) où les graces, l'eſprit
Brillent à préſent dans leur force,
L'arbre n'eſt point jugé ſur ſes fleurs , ſur ſon fruit,
On le juge ſur ſon écorce.

ENVOI A M. L. C.

En lui faisant remettre l'Epître précédente.

CE n'eſt point chez vous que ma Muſe
A rencontré l'intention
Qui pourroit fournir une excuſe
A cette Epître où je m'amuſe,
Guidé par ma réflexion.
Tout homme rempli de droiture
Chez vous doit être toujours bien ;
Et quoi que diſe le maintien
Du vertueux couvert de bure,
Et du fat chargé de dorure,
L'un & l'autre n'y perdent rien,
Par les ſoins de la politeſſe
Qui hait le ſcandale & le bruit ;
Le faquin s'y trouve éconduit ;
Et l'on réſerve la tendreſſe,
Les égards, la délicateſſe,
Pour quiconque fait héberger
L'eſprit & les vertus enſemble ;
Il ne vous faut, pour en juger,
Qu'examiner s'il vous reſſemble.

DISCOURS

Sur les qualités qui conftituent la beauté de l'Ame.

NOn, je n'admire point, quoi ! la fage Lucrece !
Quoi ! ce Roi qui s'immole au falut de la Grece !
L'Empereur irrité qui pardonne à Cinna !
Curtius ! & Brutus ! Horace ! Porfenna !
Quoi ces grands cœurs fur eux remportant la victoire
Ne fe font pas acquis la plus folide gloire ?
N'ont pas eû dans leur temps les plus grandes vertus,
L'ame la plus fublime & la plus .... Hé ! Titus,
Ce Titus né pour être, & la gloire de Rome,
Et l'exemple des Rois, & le bonheur de l'homme.

    Titus ? Soit, celui-ci c'eft un homme de bien,
Raifonnons avec ordre, & ne confondons rien,
Vous connoifféz Orgon, plus fragile qu'un verre,
De fon fouffle un enfant le jetteroit par terre,
Et cependant hier entre une heure & minuit,
Lui feul il renverfa quatre hommes fur fon lit ;
Mais la fievre brulante allumoit fes arteres,
Et triploit le pouvoir des reflorts ordinaires ;
Mais Orgon n'opera ce prodige nouveau
Que dans l'accès cruel d'un tranfport au cerveau.

    Quel homme à votre avis ne feroit ridicule
Qui nous diroit qu'Orgon eft auffi fort qu'Hercule,
Qui voudroit nous forcer d'admirer la fureur
D'un malheureux qu'épuife un inftant de vigueur.

C'eſt ainſi cependant que votre eſprit raiſonne
Sur ces actes brillants dont l'Univers s'étonne,
Souvent tous les hauts faits de ces illuſtres morts
De leur eſprit tendu n'étoient que des efforts.
La ſingularité, l'exemple, la contrainte,
La ſuperſtition, le deſeſpoir, la crainte,
L'amour, l'ambition, des maîtres, des rivaux
Peuvent pour un inſtant enfanter un héros.
Ce n'eſt pas là le mien, & c'eſt ſur ſa durée
Que par moi la vertu peut ſe voir admirée.
On voit mal ſes deſſeins dans des actes trop vifs ;
Mais un cours de beaux faits dévoile ſes motifs,
Et le motif eſt tout ; mais pour en voir les cauſes
Retournons en arriere, au principe des choſes,
Cherchons l'ame dans l'ame, & ſuivons ſes effets.
Habitante du corps, elle en a les accès,
Toute entiere en nos ſens, enchaînée à nos fibres,
Eſclave, elle obéit à des reſſorts peu libres.
Que le ſubit effet d'un pouvoir étranger
Les change, ſes adjoints la forcent de changer ;
Infuſe toute en eux, prolongée, étendue,
Selon que la machine eſt plus ou moins tendue,
Elle cede, ou reprend plus ou moins de chaleur ;
S'exalte : & regardez la bachique liqueur,
Cette autre que le chile en ſa courſe prépare ;
Et que ſi lentement la nature répare.
Voyez comme notre ame en proie à ces agents,

Loin de les réprimer careſſe ſes régents ;
Ce buveur ſi poltron quand l'eſtomach eſt vuide,
Au ſortir de la table eſt un Mars, un Alcide.
Faut-il parler au Roi ? Faut-il changer l'Etat ?
Il eſt prèt : d'autre part ce ſage délicat,
Ce raiſonneur ſi fier de ces ſciences vaines,
Dès qu'un germe brulant vient échauffer ſes veines;
Il tombe aux pieds d'Iris, il en reçoit la loi ;
Satisfait, il rougit, & ſe moque de ſoi,
En butte aux éguillons d'une ardeur invincible,
La morale gliſſoit ſur ſon ame ſenſible,
Plus leger d'un deſir, à lui-même rendu,
Il rentre dans les cieux dont il eſt deſcendu.

Ce mouvement plus fou, ce point d'honneur ſi rogue,
La bravoure en un mot, cette vertu de dogue *
N'eſt qu'un volcan formé des eſprits animaux
Dont le concours ſubit enflàme nos cerveaux.
Livrez ce janiſſaire impetueux & brave
Aux dangereux decrets d'un perſonnage grave,
Qui pour dompter un pouls moins que lui menaçant,
Fait tirer en douceur vingt poëlettes de ſang ;
Vous ſçaurez ce qu'il eſt près de ſa derniere heure.
Approchez & voyez : c'eſt une femme, il pleure ;
Au Dervis dont hier il ſe faiſoit un jeu,
Il demande en tremblant ce que va penſer Dieu.

---

* Je n'entends point dire la valeur ; elle eſt un acte ſublime
de la raiſon.

Alte-là , direz-vous, ce difcours téméraire
Chez le Turc infenfé vous feroit une affaire.
Je le fçais, mais en France, & loin des Mufulmans
La raifon peut braver le courroux des Imans.
Je reviens à mon but : plus notre ame commande
Aux divers mouvements que le corps lui demande,
Plus l'amour propre en elle a de droits conteftés,
Et plus fon être eft pur, plus elle a de beautés;
Ainfi donc la raifon nous dit qu'une belle ame
Eft celle qui de foi, fans nul effort, s'enflamme,
Qui pour former fes pas, en regler l'action,
Ne tire que de foi fa propre impulfion.
Une Beauté preffante, un Tiran qui menace
Ne porte en fes projets, ni le feu, ni la glace.
Tout eft par elle vû, non pour quelques inftants;
Mais fes yeux éclairez ont parcouru les temps,
Et dans tous fes defleins fon devoir la décide,
La raifon eft fa regle, & la vertu fon guide.
Cette vertu n'a pas les deftins de l'éclair,
Qui ne darde fes feux dans les plaines de l'air
Que lorfque Jupiter affemblant les nuages,
Précipite les vents, la foudre, & les orages.
C'eft l'aftre de Vénus qui tire de fon fein
Un éclat toujours vif, un feu toujours certain.
Qu'un brouillard, une nue, une vapeur groffiere
Élevée entre nous, & fa vive lumiere
La voile à nos regards, par fon opacité,

C'eſt la faute des yeux & non de ſa clarté
Le ſage Catinat n'étoit pas à Marſaille
Plus grand que dans ſa terre , à Paris , à Verſaille ;
Ni moins grand dans ſon parc tondant ſes eſpaliers
Qu'aux inſtants qu'en Piemont il cueilloit des lauriers.
Mais le peuple , le peuple aime les tours de force ;
C'eſt de l'éclat qu'il veut , il ne voit que l'écorce.
Qui doute cependant qu'un monſtre , un homme affreux
Ne puiſſe être l'auteur d'un acte généreux ?
Les mains teintes du ſang de Rome déchirée ,
Silla donne une paix mille fois deſirée ;
Il depoſe en grand homme un pouvoir ſouverain ,
Et de Tiran qu'il fut , redevient Citoyen ,
Je le repete encor , *l'exemple , la contrainte ,*
La ſingularité , le deſeſpoir , la crainte ,
L'amour , l'ambition , des maîtres , des rivaux
Peuvent pour un inſtant enfanter un héros.

O combien je préfere à mille traits d'hiſtoire
Un fait très peu connu , mais digne de mémoire ;
Je vais me délaſſer en vous le racontant.

S.... perd un ami qui ne laiſſe en mourant
Que des dettes , nul bien , deux enfans en bas âge ,
Il retranche auſſitôt ſon train , ſon équipage.
Dans le fond d'un fauxbourg il poſſédoit un bien ,
Un vieux corps de logis qui ne rapportoit rien.
Il s'y loge ; de-là ; dès que la ſixiéme heure
Contraignoit l'artiſan à quitter ſa demeure ,

Qu'il plût ou qu'il ventât , suivi d'un seul laquais ,
Modeftement à pied il couroit au Palais :
Là foutenant l'éclat de la Magiftrature ,
Il parloit pour les loix , confondoit l'impofture ;
Par fon zéle échauffoit les Sénateurs trop lents ,
Apprenoit à douter aux efprits trop ardents.
L'audience levée , il reprenoit bien vîte
Le chemin du fauxbourg , & regagnoit fon gîte.
Ses confreres furpris difoient , quelle raifon
Fait changer à S.... fon train & fa maifon.
Il eft veuf , a du bien , fes fils font au collége :
Aimeroit-il le jeu ? Les femmes ? Non , que fçai-e ?
C'eft l'avarice. Hélas ! par nos cœurs dépravés ,
Les motifs vertueux font les derniers trouvés.
Deux ans coulent ainfi : fon premier domicile
Étoit vacant , S.... reparoît dans la ville ,
Reprend fes gens , fon train , tel qu'il avoit été.
Quel fut le réfultat de fa fobriété ?
De ce qu'il appelloit des dépenfes frivoles ,
Il accumule un fond de deux mille piftoles ,
Les place , & d'un ami les triftes orphelins
Y retrouvent un pere & de nouveaux deftins.
De l'augufte vertu voilà le caractere ,
Elle laiffe parler , fait le bien , fçait le taire.
Cet acte fans témoins continué deux ans ,
Vole bien au-deffus de ces faits éclatans ,
De ces faits que l'Acteur , héros d'une minute ,

Conçoit dans un inſtant, dans l'inſtant exécute,
Et ſouvent aux regards d'un Public attentif,
Que frappe l'action, & jamais le motif.

　　Plus rare enfin cent fois que Brutus, que Lucrece,
Et que mille héros de Rome & de la Grece
Seroit un mortel vrai qui ſe feroit connu,
Aux portes du trépas, quarante ans de vertu.

LE QUADRILLE.

POINT de quartier, je ſuis trop en colere,
Je vais tout net révéler ce myſtere.
Le Dieu des Vers, & le fripon d'Amour
Près de Tempé, rencontrerent un jour
Certain vieillard qui venoit du Parnaſſe ;
C'étoit l'Ennui, chargé d'une liaſſe
De Madrigaux, de Chanſons, de Bouquets,
De longs Romans, d'Enigmes, de Sonnets.
Ah ! dit Phébus avec un ton critique,
Vivent les ris ; j'apperçois ma pratique.
Bon jour, l'Ennui. Bon ſoir, ſire Apollon
Vous le voyez, je viens de ce vallon
Prendre ces Vers errans à l'aventure,
Morceaux exquis, friande nourriture,
Dont chaque jour je païs le genre humain,
Je ſuis preſſé, car je dois ce matin

oir les Plaideurs ; affifter aux toilettes ;
e préfent aux propos de Gazettes.
fuis prié d'un grand fouper ce foir ,
certain bal doit fentir mon pouvoir.
rcles nombreux , Concerts , Académies ;
ut veut m'avoir , même les Comédies.
fuis , je crois , le plus fêté des Dieux ,
mes pavots préfident en tous lieux.
ieu. Reftez , dit le fils de Cythére ,
elques inftans : Moi refter ! Pourquoi faire ?
ous le verrez. Enfin , bon gré , malgré ,
Ennui refta : mais , dit l'enfant madré ,
ifqu'un hazard aujourd'hui nous raffemble ;
üons tous trois : Colin maillard me femble
n joli jeu ; l'Amour au lieu des doigts
onne à tirer fléches de fon carquois :
pauvre Ennui par un coup d'infortune
tire deux voulant n'en tirer qu'une.
h ! dit l'Amour , il a voulu tricher ;
eft lui , c'eft lui que nous devons cacher.
Dieu pefant leur tendit le vifage ,
le bandeau fervit à fon ufage ;
Amour le ferre à trois & quatre nœuds :
trappe-nous , pauvre Ennui , fi tu peux.
fut en vain : privé de la lumiere ,
droite , à gauche , en avant , en arriere ;
un pas tardif , & toujours chancelant ,

Il tend les bras ; tantôt vif , tantôt lent ,
Il se démene , il s'agite , il s'empresse ;
Mais lorsqu'Amour & le Dieu du Permesse
En rendez-vous se trouvent quelque part ,
L'Ennui longtems reste Colin-maillard :
Aussi fit-il. Fatigué de sa course ;
De son bandeau pour derniere ressource
Il leve un coin adroitement , & voit
Que sans témoin , & que seul il joüoit :
Nos deux fripons avoient gagné la plaine.
Il les appelle , il se met hors d'haleine:
Point de nouvelle ; & pour comble de maux
Il apperçoit ses Vers , ses Madrigaux ,
Taillés , coupés , souillés dans la poussiere.
Hélas ! dit-il , à me faire la guerre
Par quel méfait t'avois-je donc poussé ,
Couple de Dieux malfaisant & rusé ?
J'ai pris ces Vers , mon vol est légitime ;
Phébus lui-même en peut-il faire un crime ,
Puisqu'ils étoient par lui désavoués ,
Et qu'à moi seul ils semblent dévoués ?
Je prends mon bien par-tout où je le trouve ;
Et pour ce trait faut-il que d'eux j'éprouve
Un procedé si noir & si piquant ?
Ils m'ont puni de n'être pas méchant :
Mais ils verront si , lorsqu'on me provoque ,
Je suis un Dieu qui de rien ne se choque ,

qu'il soit libre à chacun d'outrager.
je pardonne avant de me venger,
Que les façons & les cérémonies
Du monde entier soient à jamais bannies ;
Qu'on y supprime éloges , complimens ,
Et tout propos de robe & de rubans ;
Que je renonce à tout panégyrique ,
A tout discours , & même académique ;
Que l'Opera me donne mon congé ,
Si de ce trait je ne suis pas vengé.
Mais distinguons la faute & le coupable.
L'Amour me semble un peu plus excusable :
C'est un enfant ; vengeons-nous de ce tour
Sur Apollon , je pardonne à l'Amour ;
Mon intérêt lui doit quelque indulgence
Pour les époux qu'il met en ma puissance.
C'est par un jeu qu'on a su m'offenser ,
C'est par un jeu que je veux repousser
Les traits cuisans d'un si sensible outrage.
Le Dieu colere en eût dit davantage
Sur ce point là , si de longs bâillemens
N'avoient mis fin à ses emportemens.
Il rêve ensuite , il pese , il imagine ,
Fait , & refait , contredit , examine ,
Et tire enfin de son triste cerveau
De divers noms l'assemblage nouveau.
A des cartons barbouillés de figures ,

De noir , de rouge affreufes bigarures ,
Différemment il donne des valeurs ,
Et finement combine leurs couleurs ;
Le nom de l'un de l'autre eft le contrafte.
L'un eft dit Ponte , & l'autre eft nommé Bafte ;
Les plus grands mots lui viennent fans efforts ,
Médiateur , Codille , Matadors ;
Tout fous fes mains diverfement s'habille ,
Et le jeu fait , il le nomme Quadrille.
Vous ne cherchez , dit-il , qu'à vous duper ;
Voici , mortels , de quoi vous occuper ;
Et toi , Phébus , vante-moi ton empire ,
C'eft par ce jeu que ton pouvoir expire.
Que tes enfans , que tes chers favoris
Soient efcortés des plaifirs & des ris :
Ce que l'efprit , & tes doctes fineffes
Peuvent femer de fleurs enchantereffes ,
Ne fauront pas enchaîner un inftant
Trois quadrilleurs qu'un quatriéme attend.
Un nourriffon fevré par Uranie ,
Paîtri de fel , & brillant de génie ,
Fût-il le feul de Paris à Pekin ,
Sans ce jeu-ci ne fera qu'un faquin.
Mais mon éleve , un bon joueur en forme
Dupe jadis , & fripon par réforme ,
Eût-il roulé la brouette à Paris ,
Fût-il fans goût , fans ame , fans efprit ;

Tel qu'un reſſort démontré par Deſcartes,
Si tout un jour il fait tenir des cartes ,
S'il les fait battre , & s'il fait quadriller ,
Aura le droit de plaire & de briller.
Joüer c'eſt tout , c'eſt le ſavoir ſuprème.
C'eſt du vieux tems de s'amuſer ſoi-même ,
Et de pouvoir ſeul , & d'un front ſerein ,
Braver mon ſceptre un bon livre à la main :
Mais à préſent quand on voudra s'ébattre ,
C'eſt peu de deux , je veux que l'on ſoit quatre.
J'y parois perdre : hé ! que m'importe à moi ?
Je ſaurai bien y préſider en Roi.
Caché près d'eux , la moindre étourderie ,
Une diſpute , une tracaſſerie ,
Me feront bien rentrer dans tous les droits
Qui ſembleroient affoiblis par ces loix.
Tel fut , hélas ! l'arrêt trop véritable
Que prononça ce vieillard intraitable.
Jupin l'approuve : auſſi-tôt le Deſtin
Le tranſcrivit ſur ſes tables d'airain.
En vain Phébus en ſtyle Pindarique
Voulut calmer ce Dieu trop colérique :
Rien ne ſervit , l'arrêt étoit dicté.
Sans faute auſſi fut-il exécuté :
Je le ſçais trop , & même hier encore
Il m'éloigna de l'objet que j'adore :
Mais quel n'eût pas été mon déſeſpoir
S'il m'eût privé du plaiſir de le voir !

LE CAFFÉ,
OU
LES AVEUX POETIQUES.

IL étoit nuit , le Ciel fondoit en eau ;
Je me trouvois loin de mon domicile :
De crainte de périr dans le premier ruiſſeau
Au cabaret prochain je demande un aſile ,
En payant : on accepte , on me gîte à l'étroit.
Dans une chambre près du toit
J'allois , je crois , dormir , aidé par les ténébres ,
Quand d'un réduit voiſin , ſéparé par des ais ,
J'entendis des accens funebres.
Ne nommons pas l'auteur de ces diſcours ſecrets ,
Mais voici ſes aveux , à quelque choſe près.

TRISTES enfans d'une Muſe timide ,
Eh quoi ! mes Vers , ne plairez-vous jamais ?
Je cede vainement au penchant qui me guide ;
Pour vous tout eſt de glace , & le lecteur perfide
M'accable à chaque inſtant des plus ſenſibles traits ;
Eh quoi ! mes Vers , ne plairez-vous jamais ?
C'eſt en ſecret que mon cœur le confeſſe ;
Pour vous j'ai tout quitté , parens , amis , richeſſe ;
Et c'eſt pour vous que me voici gîté

Loin

Loin des humains dans ce bouge écarté.
C'est en ce triste lieu que livré sans réserve
Aux transports, aux fureurs d'une bouillante verve,
Pour vous créer, mes Vers, j'éprouve tour à tour
Les divers sentimens que je veux mettre au jour ;
Tantôt apostrophant le plancher que je frappe,
Je lui demande un fils qu'on veut sacrifier,
Et tantôt comme Prince, ou Visir, ou Satrape,
Je brave un fier tyran qui veut m'humilier.
J'avance, je recule en évitant la trappe
  Qui sert de porte à mon grenier ;
Mais ce réduit affreux ne seroit rien encore,
Et j'oublierois sans peine un gîte fort mauvais,
Si dans l'instant, mes Vers, que je vous fais éclore,
A tous, ainsi qu'à moi, vous paroissiez parfaits.
Ma Muse cependant suit pas à pas le code
Qu'observent à présent nos Auteurs à la mode.
  Lorsqu'elle exerce son emploi
Dans une Ode, aussi-tôt Emule de Pindare,
J'évoque le Destin, je frémis, je m'égare ;
Je monte dans les cieux qui s'ouvrent devant moi,
Où perçant jusqu'aux bords qu'arrose le Ténare,
  Je fais pâlir Pluton d'effroi.
De points interrogans je remplis chaque strophe.
Quoi ? Qui ? Qu'est - ce ? Grands Dieux ! ô Rois ! ô
  Prince ! ô vous !
Arrêtez.... Ciel.... ! mais non.... & par une apostrophe

Je fais, quand il me plaît , parler jufqu'aux cailloux.
    Si je me fens au bout de ma carriere ,
Je fais defcendre un Dieu dans un char de lumiere,
    Minerve , Mars ou Bellone ou Vénus ,
Selon qu'à mon fujet ils fe trouvent propices ,
    Ils font toujours les bien venus ;
Et je donne un poignard & des ferpens aux vices ,
    Et des couronnes aux vertus.
Faut-il un ton plus bas , une Elegie , un Drame ,
De vingt Vers en vingt Vers je féme une Epigramme,
Et je mets fur la fcene en ftyle de Brebœuf
Un héros fans foibleffe , un caractére neuf.
Pour donner plus de force à mes phrafes nouvelles ,
Tous mes êtres moraux ont des piés & des aîles ,
Des bras , des mains, un fein, des charmes, des attraits ;
Et s'ils n'ont point de chaîne , ils ont au moins des traits.
Quand un Auteur a fçu s'imbiber de ce ftyle
Le plan s'offre tout feul ou même eft inutile ;
Et par le fon pompeux d'un fuperbe adjectif
Je fçai comme on releve un humble fubftantif ;
Et fous un tour moderne , appuyé de la rime ,
R'habiller comme neuve une antique maxime.
Fais-je parler deux cœurs qu'enchaînent les Amours:
Efclaves fans baffeffe , & parés fans atours ,
Par la beauté fans fard d'une pointe faillante ,
Ils ornent chaque phrafe , & finiffent toujours
    Par une antithèfe brillante.

Veux-je dans une Eclogue introduire Tircis,
Pour rimer à son nom, il est toujours assis;
Si c'est sur un gazon & sous quelque feuillage,
L'un n'est point sans verdure & l'autre sans ombrage.
Musette, chiens, houlette, à l'Idille voués,
Dans les miennes jamais ne furent oubliés;
Et je croirois changer l'ordre de la nature
Si je faisois couler un ruisseau sans murmure.
Je laisse aux sots rimeurs le Rondeau, le Sonnet;
J'aime les grands morceaux. Mais c'est peu de produire,
Conçus, écrits, transcrits, corrigés, mis au net,
Mes Vers, dans le grand monde il faut vous introduire.
  Sous ces lambris tumultueux,
  Où des garçons affectueux
Versent pour de l'argent de l'eau chaude à la ronde,
Il est toujours un coin éloigné du grand monde,
  Où tout homme avec du poulmon
  A de l'esprit comme un Démon:
  Là, le faux savant, l'empirique,
  Le gazetier, le politique,
  Sont dans leur centre, dans leur lieu;
  Souvent un B.... au milieu
  Emploie sa fausse Logique
  Pour argumenter contre Dieu.
Dans ce cercle bruyant qu'une table sépare,
S'en voit cependant (mais l'espece en est rare)
Qui savent distinguer, discuter, décider:

B ij

Le malheur eſt qu'ils ſont obligés de céder
          A la rhétorique barbare
Du premier eſtomac qui contre eux veut plaider.
          Même en ces lieux, ſéjour de la Critique
Il eſt toujours un chef, un cenſeur authentique
Qui marque la meſure & qui donne le ton :
Vain, bavard, entêté, moraliſte profond,
Par l'apparence ; il fait tourner un paradoxe
En phraſe bien ſonnante, il n'importe du fond ;
Et ſi quelque imprudent lui réplique & répond
          Par un ſentiment orthodoxe,
Malheur à lui, c'eſt fait, notre homme au large front
Le regarde, le joint, l'attaque & le confond :
Il n'a plus qu'un parti ; qu'il s'en aille, qu'il ſorte,
Et le Ris par échos le ſuit juſqu'à la porte.
          En ce terrible auto-da-fé
          Qu'un Etranger vienne à paroître,
Et propoſe un cartel à ce cercle échauffé,
Tel jadis qu'en Scythie, on le livre au grand Prêtre
Qui ſur le champ l'immole en l'honneur du caffé.
C'eſt pourtant au Sénat de cette République,
Mes Vers, mes chers enfans, qu'il faut vous préſenter.
          Sur le ton du panégyrique,
          Mon eſprit d'abord fait flatter
          Cet homme ſi craint, ſi cauſtique,
          Et ceux qui doivent m'écouter.
Je commence, on ſe tait : mais peu faits pour l'orei

Les accens de ma voix n'ont pas l'art d'enchanter ,
(On dit que c'eſt par là que je tiens de Corneille.)
      Il faut cependant réciter ;
Mais dès le premier vers un Critique me taxe
D'avoir pris quelque part une penſée , un mot ;
L'un accuſe la rime , un autre la ſyntaxe.
Si par hazard je plais , un petit-maître , un ſot ,
Tournant ſur le talon comme ſur un pivot
Dans un endroit brillant d'une Ode ou d'une Epître ,
M'arrêtera tout court pour demander le titre.
L'imprudent ! à l'inſtant où tout me ſert d'écueil ,
Où le moindre zéphir peut glacer l'auditoire ,
Où de ce tribunal , arbitre de ma gloire ,
J'intercepte un ſoûrire , un regard , un clin-d'œil ,
Je ne ſens point alors remuer mon orgueil.
Je ne lis qu'en tremblant , je gliſſe avec adreſſe
Sur les mots douloureux un peu trop hazardés ,
Et j'appuie avec force à ces traits décidés ,
Dont le tour noble & fier captive ma tendreſſe.
Mais lents à m'applaudir , & prompts à critiquer ,
Sur mon ouvrage lû chacun veut s'expliquer.
Si l'on condamne un mot , je voudrois le défendre :
      Mais en vain je veux répliquer ,
      Je ne ſaurois me faire entendre.
Fatigué ce matin de lire & de crier ,
Je prends loin du tumulte un Auteur à quartier :
Donnez-moi vos avis ; que je puiſſe connoître

B iij

S'ils feroient conformes aux miens ;
Décidez fur mes Vers, vous en êtes le maître.
Je l'écoute en filence, humblement, & le traître
Pour réponfe à l'inftant me récite les fiens.

Ciel ! ô Ciel ! quelle eft ma difgrace !
Mais, me dira quelqu'un, défertez le Parnaffe.
Hé ! le puis-je, grands Dieux, puis-je devenir rien ?
Avec tout autre emploi que celui de Poëte,

Il faudroit être citoyen ;
Envers l'Etat quelle effroyable dette !
Il faudroit amaffer du bien ;
D'un pere chargé d'ans devenir le foutien ;
Moi-même être à mon tour tendre époux & bon pere,
A mon frere indigent montrer un cœur de frere,

Et n'épargner aucun moyen
D'arracher mon voifin du fein de la mifere.

Ajoute auffi, m'écriai-je irrité,
Qu'il te vaut mieux fouffrir la faim, la pauvreté,
Etre dans un grenier indigent, pauvre here,

Et pâtir par ta vanité,
Que remplir les devoirs d'une fociété
Qui par-là te feroit trop chere.

LE BEL-ESPRIT,

Ou Discours sur la nécessité de se former le cœur avant de faire des ouvrages d'esprit.

IL est passé, cet âge des vertus,
Où l'homme étoit honnête & rien de plus ;
Où la bonté, la candeur, la sagesse,
Marchoient avant la grandeur, la richesse ;
Où le génie étoit pour rien cité
Sans la droiture, & sans la probité.
L'homme à présent commençant sa carriere,
Loin du grand art qu'enseigne la Bruyere,
Sans s'informer si Dieu lui donne un cœur,
Croit que l'esprit doit faire sa valeur ;
Que les talens font le bonheur suprême,
Et qu'il est beau de s'ignorer soi-même.
Un jour, dit-il, quand l'hiver de mes ans
Aura glacé mon esprit & mes sens,
Par un emploi digne alors de mon âge
A la raison je saurai rendre hommage.
Des préjugés & des plaisirs vainqueur,
A la vertu je formerai mon cœur ;
Et prémuni de mon expérience,
A peu de frais j'aurai cette science,
Qui demandant trop d'étude & d'efforts,

Du bel-esprit amollit les reſſorts :
Mais à préſent que la nature ſage
D'un noir duvet ombrage mon viſage,
Et qu'affranchi des pédanteſques loix,
L'âge m'annonce & me dicte mes droits ;
Il m'eſt plus doux, plus ſage, plus utile,
De me former l'expreſſion, le ſtyle,
Et de ſavoir vif, malin, & charmant,
Parler, médire, & faire un compliment ;
D'un trait piquant armer une Epigramme ;
Pour deux époux faire une Epithalame.
Ah ! ſi plus fort & de verve & de ton
Pour le Théâtre... Eh! grands Dieux! que ſait-on?
Serois-je enfin la premiere merveille ?
C'eſt à trente ans qu'on vit briller Corneille.
Souvent l'eſprit ſe déploie & s'étend,
Et tout d'un coup.... Que je ſerois content
Si quelque jour, ſur les pas de Voltaire,
De mes travaux j'enchantois le Parterre.
Dieux ! quel plaiſir & quelle volupté
D'être par-tout cherché, couru, fêté,
Des Grands, du peuple, aux ruelles, à table ;
Et de charmer, Paraſyte agréable,
Par de bons mots peut-être déplacés
Vingt auditeurs autour de moi preſſés ;
Je crois les voir prêts à crier miracle,
Bouche béante, écouter leur Oracle !

A mes difcours qu'un trop hardi mortel
Réplique un peu : Taifez-vous ; c'eft un tel
Lui diroit-on ; & mon fot en filence
Me laifferoit gouverner la balance ,
Fixer les rangs , pefer tous les écrits ;
Leur affigner leur valeur & leur prix ,
Moins aveuglé par la vaine fumée
De mes raifons, que de ma renommée.
C'eft le vrai bien : eh ! que n'ajoûtes-tu ;
Jeune infenfé , que c'eft-là la vertu ?
Un matelot tout prêt à fendre l'onde ,
Pour s'enrichir de l'or du nouveau monde ,
Qui peu foigneux des utiles apprêts ,
Négligeroit les voiles , les agrès ,
Et fans fonger aux caprices d'Eole
N'embarqueroit ni cartes ni bouffole ,
Mais dont l'efquif artiftement doré
Seroit en tout galamment décoré ;
Ce matelot , en dépit de fon fafte ,
De la raifon n'auroit que le contrafte,
Et toi , plus fou , tout prêt à naviger
Sur cette mer où tout n'eft que danger,
Où les accens des monftres de Sicile ,
Ou de Circé la fureur trop habile ,
Scylla , Charibde & les vents & les flots
Ont égaré les plus fages héros ,
Tu fuis la pente où ton efprit te guide.

B v

Pallas t'a-t-elle accordé son Egide ?
Et te couvrant d'un secours plus qu'humain,
Doit-elle en tout te mener par la main,
Et te conduire en nouveau Télémaque
A la sagesse & dans le port d'Itaque ?
Non. En son lieu je vois à tes côtés
Tous les plaisirs, toutes les voluptés :
Chacune en paix attend que la nature
De tes ressorts acheve la structure,
Pour te saisir dépourvû de raison,
Et t'enivrer de son fatal poison.

　　L'une déjà d'une grappe choisie
Presse pour toi le suc & l'ambroisie ;
Et sur les pas du splendide Comus
Doit te traîner aux autels de Bacchus.

　　Une autre, hélas ! plus sûre enchanteresse
Près d'un miroir dressé par la paresse,
Du bout du doigt plaçant un assassin,
Forge le trait qui doit percer ton sein.

　　Une troisiéme au teint pâle & livide,
D'un œil hagard & d'une main perfide,
Dans un brelan, thrône où juge le Sort,
T'offre la rage ou peut-être la mort.
La Flatterie & toute son escorte,
Pour t'enlever, déjà forcent ta porte.
La Vanité, l'Amour-propre, l'Orgueil,
Suivent tes pas & t'observent de l'œil.

Où te fauver pour fuir leur embufcade ?
Vers mes amis.... O jeune Alcibiade !
Celui d'entr'eux le plus ferme à marcher,
Eft bien fouvent le plus prompt à broncher.
De leur fecours en vain ton cœur fe flatte :
Ce n'eft qu'en foi qu'on trouve fon Socrate.
C'eft par toi feul, par tes réflexions,
Que tu fauras régler tes paffions,
(Sauf toutefois l'affiftance célefte.)
Pour ce projet ton fecours feul te refte.
Jette les yeux fur ces foibles mortels,
Que la vertu voit loin de fes autels.
Par l'examen des fectateurs du vice
Préferve-toi d'être un jour leur complice.
Que le flatteur, le fat, l'ambitieux,
Qui, s'il pouvoit, déthrôneroit fes Dieux ;
Que l'indévot dont la bouche blafphême,
Que l'hypocrite à l'œil faux, au teint blême ;
Que chacun d'eux enfin par fes excès,
Sauve ton cœur tremblant fur le fuccès,
De la fureur où le vice les plonge.
Que le menteur te fauve du menfonge.
Mais en fuivant pas à pas cette loi,
Deux grands écueils fe préfentent à toi ;
L'un ; que l'afpect du vice & du défordre
Peut t'exciter à critiquer, à mordre :
Regarde autrui ; mais fans le cenfurer.

B vj

Suce la fleur ; mais sans la déchirer.
Plus dangereuse encor que la censure,
De l'autre écueil l'atteinte est presque sûre :
La vanité. Ton cœur est vertueux :
Qu'il tremble alors d'être présomptueux.
La vanité, redoutable Syrene,
Parle à notre ame & lui commande en Reine.
Ce sage alors s'admire sans effroi,
Et se croit Dieu par un regard sur soi.
Les vils humains, tout ce qui l'environne,
N'est qu'une ébauche indigne de son thrône :
C'est de lui seul qu'il tient sa liberté,
Il étoit grand de toute éternité ;
Et tout mortel, soit François, soit Sarmate,
N'est qu'une brute, un stupide automate,
Que l'erreur flatte & que l'erreur conduit,
Qui ne vaut pas la peine d'être instruit.
Plus d'un Platon par ces fausses maximes
Est par dégrés descendu jusqu'aux crimes :
Plus d'un Icare en traversant les airs
Trop près du ciel, s'est noyé dans les mers.
Fuis donc ce vice avec un soin extrême :
En triompher, c'est se vaincre soi-même.
Soumets ton ame à la simple équité ;
Et que chez toi l'auguste vérité,
L'amour du vrai soit le censeur austere,
Qui sur tes mœurs grave son caractere ;

Que tes écrits, que tes moindres difcours,
Sans l'affecter, le confervent toujours.
De cet amour découle avec largeffe
Ce don des cieux, la vertu, la fageffe.
Alors, alors, gouverné par ton cœur,
Que ton efprit écoute fon ardeur.
Dans les eflors d'une docte manie,
Livre ton ame au feu de ton génie :
Suis tes tranfports ; & loin de t'arrêter,
Je chercherois moi-même à t'exciter.
Enchante-nous par le fruit de tes veilles :
Sois le rival des Boileaux, des Corneilles ;
Sûr que comme eux avec avidité,
Tu faifiras toujours l'utilité ;
Et tout Auteur d'une vertu fincere,
S'il n'atteint pas jufques à l'art de plaire ,
De fon ouvrage, encor qu'il foit chétif,
Eft trop payé, s'il l'eft par le motif.

A MONSIEUR DE V.

PEINTRE DE L'ACADÉMIE ROYALE;

*Epître adreſſée ſous le nom d'un Eleve de la même
Académie.*

DIVINITÉS qui regnez au Parnaſſe,
Muſes, de grace excuſez mon audace.
Jamais ma voix dans le ſacré Vallon
N'oſa troubler le repos d'Apollon ;
Et mon eſprit, jamais dans ſon délire,
Du Dieu des Vers ne ſut monter la lyre :
Mais aujourd'hui, plus hardi qu'autrefois,
J'oſe vers vous porter ma foible voix.
Aidez, aidez le tranſport qui me guide.
Je ne veux point, adulateur perfide,
Peu ménager d'un encens précieux,
Deshonorer le langage des Dieux.
Qu'un froid rimeur dans le fatras d'une Ode
Aille encenſer quelque fade pagode,
Et par des mots de lui ſeul exaltés,
Diviniſer des appas frelatés :
Ou qu'au Mercure un Auteur inſipide,
Sûr d'avoir bû dans l'onde aganippide,
Brigue ſon rang pour, en des Vers épais,
Balbutier les douceurs de la paix ;
  Que cet con qui ſe titre Poete....

Mais, dites-vous, quelle audace indiscrete !
Même à genoux vos efforts impuissans
Brûlent déjà d'attaquer les passans.
Vous étiez humble, & tout d'un coup superbe ;
Plus fastueux qu'Horace ou que Malherbe,
Vous déchirez ; & par un fol écart
Vous vous jettez sur le tiers & le quart.
Il vous sied bien, chétif enfant d'Apelle,
Non d'Apollon, d'émouvoir la querelle.
Sur vos talens à tort vous vous trompez :
Vos doigts encor de crayon estompés,
Foibles garants du feu qui vous consume,
Sont étonnés de tenir une plume.
Ne prenez plus les Auteurs au colet,
Et retournez à votre chevalet.
Votre couleur dans cette huile broyée
Seche un peu trop & veut être employée.
A cette étude il faut un homme entier.
Retournez-y : faites votre métier ;
Et sans songer à forcer la nature....
Muse, arrêtez, respectez la peinture.
J'ignore encor si votre art de rimer
Sur l'art de peindre a le droit de primer :
L'un à mon sens n'est pas moins beau que l'autre,
Et mon métier, je crois, vaut bien le vôtre :
Mêmes leçons, même feu, mêmes loix,
De l'un & l'autre ont confondu les droits.

Que votre Homere, & que la Poëſie,
Jadis aux Dieux ait verſé l'ambroiſie :
Qu'à l'univers montrant les immortels ,
Il leur ait fait élever des autels :
Que ce grand art, cette verve divine
De Jupiter tire ſon origine ;
Et que l'Amour vous diƈtant ſes leçons ,
Ait le premier arrangé vos chanſons :
Qu'encheriſſant ſur la Mythologie,
Pindare enfin , avec même énergie ,
Ait ſu chanter en Vers harmonieux
Quelques mortels auſſi grands que les Dieux ;
Et célébrer , dans ſes fureurs lyriques,
Les combattans des courſes olympiques :
Qu'à vos talens , & qu'à cet art nouveau ,
Jadis la Grece ait ſervi de berceau :
Le parallele a-t-il rien qui vous choque ?
Mêmes emplois, mêmes ſoins , même époque ;
Ont fait toujours, ſous mêmes étendarts,
Marcher , courir , les enfans des deux arts :
Mais les détails deviendroient trop ineptes,
Si comparant préceptes à préceptes ,
Je faiſois voir que tout , juſqu'aux tranſports,
Met entre nous les p us juſtes rapports ,
Intention , fermeté , goûc , juſteſſe ,
Arrangement, conraſtes , choix, ſageſſe ,
Délire enfin , coloris, loix, eſprit ;

Et pour montrer le nœud qui nous unit,
La Poësie, & sa sœur la Peinture,
Ne sont que l'art de rendre la nature.
    Egaux en tout, les lyriques Auteurs ;
Et du pinceau les hardis sectateurs,
Montrent aussi, soit galans, soit austeres ;
Dans leurs travaux, leurs mœurs, leurs caracteres ;
Cachés en vain, toujours par quelque endroit
L'homme s'y montre, & l'Auteur disparoît.
D'un tour aisé, Racine aimable & tendre,
Rend tout galant jusqu'au cœur d'Alexandre ;
Et Despréaux dans ses tableaux divers,
Se montre en tout aussi pur que ses Vers.
Qu'Alcimédon sur un lit de fougere
Peigne piés nuds une jeune bergere,
Dans l'œil fripon avec simplicité,
Que sa main donne à l'ingénuité,
On reconnoît l'ami de la tendresse :
Mais que Damon avec non moins d'adresse ;
Peigne les faits d'un grand Roi, d'un Cyrus,
Ou Glaucias Protecteur de Pyrrhus,
Dans ces sujets de grandeur, de prudence ;
De chasteté, de bonté, de clémence,
Avec plaisir que n'admire-t-on pas ?
De la vertu l'on reconnoît les pas.
    Tous les écueils d'une verve indiscrette
Sont pour le Peintre, & sont pour le Poëte ;

Et tous les deux ils se trouvent soumis
Aux traits, aux coups des mêmes ennemis.
Toujours près d'eux il est un monstre étique,
Né de l'orgueil : c'est l'affreuse Critique.
Tout sert de proie à ses regards ardens :
D'elle on ne voit que les yeux & les dents.
Au sombre éclat d'une torche enflâmée
Qu'entoure & suit un torrent de fumée,
Ce monstre attaque avec des dents d'airain
Lyre, pinceau, crayon, ciseau, burin :
De cris affreux sa fureur est suivie ?
A ses clameurs l'insatiable Envie
Leve la tête ; & sortant du tombeau
De ses serpens vient armer son flambeau.
La Vertu pure & désinteressée
Se rit toujours de leur rage insensée ;
Et ne répond à leurs tristes clameurs
Qu'en opposant des talens & des mœurs.

　　Lorsqu'un Auteur au choix de ses ouvrages
Sacrifiant les vulgaires suffrages,
Dans ses projets ne montre pour dessein
Que le desir qu'il porte dans son sein,
De joindre en tout l'utile à l'agréable,
Est-il pour nous rien de plus respectable ?

　　O ! jeunes gens, que même ardeur que moi
Rassemble ici dans le Palais d'un Roi,
Que dans le Louvre un beau desir de gloire

Echauffe , anime à la même victoire ,
Suivez toujours.... Mais , foible nourriçon ,
Il me fied bien de donner la leçon ,
Et d'enfeigner ce qui fait un grand homme
Tel qu'en fournit Paris , & jadis Rome.
Rome , fi chere à mes tendres defirs ,
Ah ! que mon cœur goûteroit de plaifirs ,
Si dans tes murs mes prunelles errantes
Se nourrifloient de tes touches vivantes !
Tu fus jadis le féjour des Céfars :
Tu fus long-tems le féjour des beaux Arts.
Pour moi c'eft tout ; & les travaux de Jules *
Me flattent moins que ceux du Peintre Jules.
Invention , deffein , & coloris ,
Vous habitez fous ces fameux lambris.
Séjour charmant , que mon cœur te fouhaite !
Mais reprenons mes pinceaux , ma palette ;
Car il vaut mieux , fans plus le différer ,
Le mériter , que de le célébrer.

* Jules Céfar.

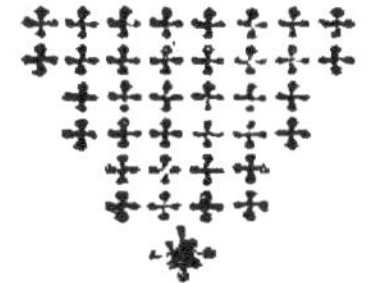

A Mr. D'ARGOUGES,

LIEUTENANT CIVIL,

Après la maladie qu'il eut à Fleury pendant les vacances
en 1751. Cette Epître lui a été adressée dans le mois
de Décembre de la même année.

Lieux charmans, séjour de Fleury,
Que la Sagesse & l'Innocence
Ont choisi pour leur Tivoly,
Vous comptiez, (frivole espérance !)
Offrir à vos maîtres chéris
Leurs amusemens favoris.
Ces prés, ces bois, cette verdure,
Ce canal, dont la source pure
S'étend au loin sur l'horison,
Et qui simple dans sa parure,
Semble creusé dans ce vallon,
Pour défier l'architecture
De faire mieux que la nature,
Entre deux rives de gazon.
Grands arbres, dont la souche antique
Est l'allégorie authentique
De la noblesse du Patron,
Vous résistiez à la saison

Qui moiſſonne votre feuillage ;
Et vous diſputiez quelque ombrage
A la fureur de l'Aquilon,
Dans l'eſpoir d'en faire un hommage
Aux mœurs , aux vertus de Caton.

Folle attente ! eſpérances vaines !
Chez vous les fievres inhumaines
L'attendoient avec leurs friſſons ,
Pour faire couler dans ſes veines
Et leurs tranſports & leurs poiſons.
C'en eſt fait , le trait homicide
Le frappe : le mal le ſaiſit ;
Et ſous ſon aiguillon perfide
Le tient attaché dans ſon lit.
Sur tous les viſages , empreintes
Je vois les frayeurs & les craintes :
J'entends gémir & ſoupirer :
Toute une famille en allarmes
S'en approche en verſant des larmes ,
Qu'elle appréhende de montrer.

Frappés d'une égale triſteſſe ,
Le Clergé , le Peuple , les Grands ,
Le Barreau , les Arts , les Talens ,
Tout s'anime , tout s'intéreſſe :
Chacun plein de ſes mouvemens
Sur les nouvelles qu'on annonce ,

Répond avec gémiffemens ;
Et frémiffant de la réponfe
On interroge les paffans.
Déja la Chicanne hardie
Songeoit à fecoüer fes fers ;
Et la Fraude & la Perfidie
Au feul bruit de fa maladie
Se recrutoient dans les enfers.
La Juftice dans le filence
En pleurs fur fes propres deftins,
N'ofoit de fes tremblantes mains
Pefer dans fa trifte balance
Le fragile fort des humains.
Mais vainement Thémis friffonne
Sur le fort de fon Magiftrat :
Un fecours émané du thrône
Qu'inquiete fon trifte état , *
Vole vers lui , difpofe , ordonne.
La Mort à ces ordres s'étonne ;
La Fievre cede fans combat.

     Veuves , ne foyez plus en proie
A vos craintes, à vos douleurs :
Trifte orphelin , féchez vos pleurs ,
Ou plutôt verfez-en de joie.

---

* La Reine lui envoya fon Chirurgien.

Il vit, & le ciel à nos vœux
Accorde un pere, & lui renvoie
Des jours purs, tranquilles, heureux.
Hélas ! ces jours purs & tranquilles,
Sont-ils donc deftinés à ceux
Dont les cœurs, les vertus utiles,
Défendent nos biens, nos afyles,
De tous ces complots ténébreux,
Que machinent des ames viles
Contre de foibles malheureux ?
Non : ces illuftres perfonnages
Ont des peines pour leurs partages :
Leur efprit plus grand que nos maux,
Mais foûtenu par le courage,
Ne fe délaffe d'un ouvrage
Que ployé fous d'autres travaux.
Le citoyen, dans la molleffe,
Songe-t-il s'il eft des dangers
Que le fort envieux lui dreffe,
Et que diffipe leur fageffe ?
Nous voguons, ingrats paffagers :
Le vaiffeau touche le rivage ;
Et nous oublions l'homme fage
Dont le bras fuyant le repos,
Nous a fait combattre l'orage
Et tromper la fureur des flots.

Loin de ce vice populaire,
Je défire ce premier jour,
Où tout Paris, alors fincere,
Vient former fa brillante cour,
Et célébrer l'anniverfaire
De fon refpeðt, de fon amour.
Avec la foule qui s'empreffe,
Ma refpeðtueufe tendreffe
Ira pour contempler fes traits;
Et je verrai, dans mon ivreffe,
Mes craintes & mon allegreffe
Se confondre avec mes fouhaits.

A MONSIEUR DE S. A.

SOUVENT dans quelques Chanſons folles
Contre l'Hymen j'ai déclamé :
Mais mon cœur n'a point confirmé
Mes téméraires hyperboles.
Toi, que mon choix fit mon ami,
Saint A**, reçois ma défenſe.
Je ne parle point à demi ,
Et je ſigne ce que je penſe.
S'il en eſt encor dans ce tems ,
Trouve moi fille de vingt ans ,
Dont le teint de lys & de roſes
En ait l'éclat & la fraîcheur :
Que de ſes levres demi-cloſes
Il forte un ſon toujours vainqueur,
Qui de l'oreille paſſe au cœur :
Que deux beaux yeux , bouche jolie,
Jambe fine , & main arrondie ,
Soient comptés pour ſes agrémens :
Que ſans détour elle ſoit fine ,
Vive ſans nuls emportemens ,
D'une humeur folâtre & badine :
Qu'elle ait de l'eſprit , des talens ,

C

De la vertu, des fentimens ;
Tu verras ce même Sedaine
Qui craint tant les engagemens,
Voler au-devant de fa chaîne,
Et, glorieux de fon deftin,
Au char de cette fouveraine
Se lier de fa propre main.

L'homme, fur des preuves fenfibles,
Eft moins né pour la liberté,
Que fait pour la captivité :
D'avantages fouvent nuifibles
En foi-même préoccupé,
De mille chaînes invifibles
Il eft fans ceffe enveloppé.
Fier pourtant d'un vain équilibre
Que fa raifon croit ménager,
Enchaîné, quand il fe croit libre,
De fers il ne fait que changer.
Quoique l'efprit humain prétende
Suivre un plan qu'il a fu tracer,
Souvent dans l'inftant qu'il commande,
Il obéit fans le penfer :
Il cede quand il croit forcer.
Ce Souverain qui de fon thrône
Voit les humains, le front baiffé,
Adorer les ordres qu'il donne,

Et l'arrêt qu'il a prononcé,
Souvent a pris ce qu'il ordonne
Dans les regards d'une friponne,
Qui par forme d'amufement,
Un inftant avant fa toilette,
L'avoit reçu de fa foubrette
Qui le diétoit en badinant.

    Les tems, les lieux, les circonftances
Sont les rois de nos fentimens.
Je ne vois dans nos mouvemens
Qu'une chaîne d'obéiffances,
Un cercle de commandemens.
Puifqu'obéir eft la mefure
Qui limite nos volontés,
Obéiffons à la Nature,
En nous fes ordres font diétés.
Mais quelle eft la marche févere
Qu'impofe cette mere auftere ?
La voici, fans chercher ailleurs.
Nais, produis ton femblable, & meurs:
L'homme ainfi que le Dromadaire,
Les arbres ainfi que les fleurs,
Dans leur paffage fur la terre
N'ont pas un autre itinéraire.
Les loix, la police, les mœurs,
Ont ajouté leur commentaire
Pour remédier aux erreurs.

C ij

De-là les contrats, le Notaire,
Régiſtres, bans, & baptiſtaire.
C'eſt fort bien fait. Obéiſſons,
Et n'alléguons pas au contraire
Que l'épouſe & les nourriçons
Donnent trop d'ouvrages à faire.
Il faut toujours ſe conformer
A ſes loix, ſes mœurs à l'uſage ;
Et le laboureur doit ſemer,
Quoiqu'il appréhende l'orage.
Le penchant, l'amour, les deſirs
Sauront rendre nos craintes vaines :
Par-tout où le ciel mit des peines,
Il a réſervé des plaiſirs.

A Mr. LE MIERE,

Auteur de la Tragédie d'Hypermneſtre.

DU vol de *Crébillon* la trace eſt fraîche encor ;
Le Miere, oſe le ſuivre ; imite un noble eſſor.
Tu ne me diras plus que les Deſtins avares
T'ont refuſé les dons faits à des eſprits rares.
Vois plutôt les talens qu'en toi le ciel unit ;
Tes aîles ſont déjà trop grandes pour ton nid.
Quand le ſuperbe oiſeau qui porte le tonnerre ,
Pour la premiere fois abandonne ſon aire ,
Intrépide , il s'élance ; & bientôt dans les airs
Son œil fier voit ſous lui s'abbaiſſer l'Univers.
Je ne te cache pas les allarmes cruelles
Qui ſuivent des neuf Sœurs les faveurs immortelles ;
Sur les bords où l'on voit l'hypocrêne jaillir ,
Qui ne voit que des fleurs , eſt loin de les cueillir.
Trop foible & trop prudent pour riſquer le paſſage ,
J'ai compté les écueils , aſſis ſur le rivage.
Où nos premiers eſſais vont-ils nous engager ,
Si même le ſuccès n'eſt qu'un brillant danger ?
Que diſſipant enfin l'ombre qui l'environne ,
Un heureux , quel qu'il ſoit , arrive au pied du thrône :
Qu'un grand Roi lui confie ou la Feuille , ou les Sceaux ,
Un peuple entier d'amis , de parens , de vaſſaux ,

C iij

Naît d'abord ; je le vois ; vîte percez des rues ;
Reculez les maifons, ouvrez des avenues ,
Pour la foule qui court au nouveau Monfeigneur ,
D'un turbulent hommage étourdir fa grandeur.
Dans un dégré plus bas , au jugement vulgaire ,
L'Auteur qui du Public a charmé l'œil févere ,
Par une Cour bruyante eft de même entouré ;
L'adroite Flatterie , au regard préparé ,
Court bientôt l'enyvrer de la vapeur fi douce
Des fleurs qu'en fouriant fa vanité repoufle.
Que fert ce vain hommage au Poëte naiflant !
A rendre fous fes pieds le chemin plus gliflant.
     L'amitié n'admet point le langage emphatique
Par qui l'enthoufiafte ou le flatteur s'explique ;
De glace en apparence , au fond pleine de feu ,
Elle voit & revoit , approuve , admire peu.
Févere par tendreffe alors qu'elle balance ,
La raifon à fon cœur impofe le filence.
Tel auprès de fon fils un pere carreflant ,
Dérobe la moitié des tranfports qu'il reflent ,
Et fe mirant en lui , réferve pour foi-même
Quelques grains de l'encens qu'il doit à ce qu'il aime.
     Mais il eft des efprits que rien ne fatisfait.
Un éloge tranquille eft pour eux fans effet.
Ils veulent des tranfports & de la frénéfie :
C'eft trop peu d'admirer ; il faut qu'on s'extafie.
Qui loue avec réferve excite leur courroux :

Il eſt ou mauvais juge , ou ſtupide , ou jaloux.
Mais où fuir , ſi d'accord avec la voix publique ,
Votre bouche hazarde un ſeul mot de critique ,
Et qu'un bavard , qu'un ſot , ou qu'un impertinent
Répete vos diſcours en les empoiſonnant ?
Votre tête à l'inſtant ſeroit réduite en poudre ,
Si l'œil de l'offenſé pouvoit lancer la foudre.

 Hé ! que t'importe , ami ? Le vain bruit des propos
Paſſera près de toi , ſans troubler ton repos.
Le flatteur qui ſourit , le cenſeur qui menace ,
Ne pourront te fermer le chemin du Parnaſſe.
Je t'y ſuivrai des yeux ; je verrai tes travaux.
Il me ſemble déjà voir de lâches rivaux ,
Des inſectes rempants ſoulevant la pouſſiere ,
S'unir , pour obſcurcir ta brillante carriere.
Alors applaudis-toi ; c'eſt l'indice certain
Qu'*Apollon* ſur le Pinde a fixé ton deſtin.
Que n'ont-ils pas tenté contre *Pope* & *Voltaire* ?
Zoïle renaîtroit au même inſtant qu'*Homere*.
Le grand homme jamais ne répond à leurs cris ;
Sur eux , ſans l'affecter , il répand le mépris.
Que plus vive cent fois leur ténébreuſe rage
Entaſſe , en frémiſſant , outrage ſur outrage ;
Que peuvent leurs fureurs contre un cœur vertueux ?
C'eſt un arbre nourri des ſucs les plus robuſtes ,
Qui , riche de ſa ſève & d'un terrein heureux ,

C iv

S'élève fierement au-dessus des arbustes
Que le Ciel a privés d'un germe vigoureux.
Mais indignés, qu'issus de la même origine,
Leurs rameaux soient couvers de ses rameaux pompeux,
　　　Ils se prennent à sa racine
　　　De l'ombre qu'ils jettent sur eux.

A MONSIEUR L.

DE l'ami de cette Héroïne
Qui voulut expliquer Newton,
Que n'ai-je la verve divine ?
Que n'ai-je la force & le ton ?
Ma Muse alors auroit un titre
Pour répondre à tes entretiens ;
Peut-être alors en cette Epitre
Mes vers seroient dignes des tiens.
Mais trop loin du vol téméraire
Qu'un tel projet doit demander,
Ma Muse craint de hazarder
La démarche la plus légere.

　Telle Agnès, que quitte un instant
Le regard prudent de sa mere,
Aux discours d'un premier amant,
Se trouble, baisse la paupiere,

Et s'en éloigne en rougiſſant.

Avec l'eſprit dont la nature
Fut libéral en te formant,
Que ta plume ſçait aiſément
Dans la plus étroite meſure ,
S'exprimer toujours noblement !

Il eſt vrai que dans cette ivreſſe
Qu'apportent les Jeux & les Ris ,
Au milieu des propos exquis ,
Au centre de la politeſſe
Il t'eſt facile , ô docte ami ,
De ſuivre ton goût favori ;
A tes pieds coule le Permeſſe.

Près des amateurs du vrai beau
L'eſprit & s'échauffe , & s'anime ;
Leur critique nous ſert de lime ,
Et du ſein de notre berceau
Nous nous élevons au ſublime.
Mais pour moi , débile arbriſſeau ;
Iſolé dans un champ ſtérile ,
Quand ma ſéve ſeroit fertile ,
Puis-je pouſſer quelque rameau ;
Vainement l'ame s'évertue ;
Ce qui nous environne influe
Et ſur elle , & ſur ſes reſſorts ;
Objet de nos moindres efforts ,
Il les fait naitre , & les remue.

Trop favorifé de Cypris ,
Mais loin de Rome où tout excelle ,
Ovide déchoit de fon prix ;
Et le Poëte de Bruxelle
N'eft plus le Rouffeau de Paris.
Mais dans quelle audace nouvelle
Mon cœur fe trouve-t-il furpris ?
Tu m'as loué dans tes écrits ;
J'allois me mettre en parallele.

A MONSIEUR L. L. M.

JE voulois en profe énergique
Vous tracer mes chagrins divers :
Mais un certain goût fantaftique
Veut , malgré moi , faire des vers.
Je le veux bien ; quand la Folie
Sur mon pupitre vient dicter ,
Je lui permets de débiter
Boutades , ou plaifanterie ,
Dès qu'elle offre fa rêverie
A quiconque fçait l'excufer.

Abbé plus chéri qu'une Mufe ,
Sitôt qu'il vous plaît d'amufer ,
Avez-vous befoin d'une excufe ?
Celui qui charma les Enfers ,

N'eût pas vû forêts , & montagnes
Le suivre au milieu des campagnes ,
S'il n'eût récité que des vers.
Il chantoit : on vole , on admire ,
Des accens , & tendres , & doux.
Sur ses levres , ainsi qu'à vous ,
La Nature avoit mis sa lyre.

   Mais un Auteur , fût-ce Apollon ,
Et fût-ce l'Apollon d'Homere ,
Se voit souvent par la Raison
Traité d'homme à tête légere.
Même souvent trop décrié ,
On le croit enclin au sarcasme ;
Je crois pourtant qu'en amitié
Il a ce vif enthousiasme
Dans ce siécle trop oublié.

   L'éclair brille , un orage creve ,
F.... de la foudre est frappé ,
Il tombe , & son rival s'éleve ;
Qu'il soit de la terre extirpé ,
Dit-il : à sa main vengeresse ,
Tout se prête , tout obéit ,
Et le grand Seigneur qui carresse
S'avance , témoigne , & trahit.

   Pelisson , bel esprit aimable ,
Sans doute des sots redouté ,
Oppose un front inébranlable
C vj

Aux foudres du ciel irrité ;
Rien n'altere sa fermeté.
Plongé dans un cachot siniftre ,
Mais accablé du feul malheur
De voir souffrir un bienfaiteur ,
L'immenfe pouvoir du Miniftre
Vint fe brifer contre fon cœur.
 Il ne faut qu'une ame fenfible
Pour former les plus tendres nœuds :
Il ne faut qu'un cœur inflexible
Pour être fidele à fes feux :
Mais répandre fur la tendreffe
Cette volupté , cette ivreffe
Qui s'alimente , & fe nourrit
Du miel de la délicateffe ;
C'eft le chef-d'œuvre de l'efprit.
L'efprit, dit la brufque Ignorance ,
Pour être liant , eft trop vain :
Convaincu de fon importance ,
Il prétend à la préféance
Sur le refte du genre humain.
 Elle a raifon , fi l'arrogance
N'eft pas le tic de l'efprit faux :
L'efprit vrai n'a point ces défauts.
 Une réflexion profonde
Sur la très-foible humanité ,
Le grand livre inftructif du monde

Préfenté par l'adverfité,
Sont l'inftrument dont il émonde
Les branches de fa vanité ;
Seulement par elle il feconde
Les loix de la fociété.
Mais mettons fin à cette antienne :
Je n'euffe pas ces propos hafardé,
Abbé, fi je n'avois plaidé
Plus votre caufe que la mienne.

A MONSIEUR G. D. S. A.

Laisse tous ces héros d'Homere,
Et l'hiftoire du vieux Laban,
Et cette maligne commere,
Qui ne veut point quitter ce banc
Où giffent les Dieux de fon pere.
    Crayonne plutôt pour Cythere
Quelque fujet tendre, & galant,
Un rien, une efquiffe légere,
Sur ce quarré de papier blanc.
C'eft bon, c'eft ce que je fouhaite ?
Un berger bienfait, vigoureux,
Qui roule dans une brouette
L'Amour, le Patron des heureux.

Pour fuir ses atteintes cruelles,
Je vois voler dans le lointain,
De jeunes cœurs un tendre essain :
Mais, hélas ! que servent leurs aîles ?
La fleche siffle, & dans les airs
Il n'est cœur qui frappé ne tombe.
Est-ce qu'à Vénus le pervers
En veut offrir un hécatombe ?
Le mien fuyoit, mais l'œil d'Iris
A guidé le fils de Cypris,
Et du premier trait il succombe.
Qui, comme moi, n'eût été pris ?

    Sur le devant de cette esquisse,
Que j'aime à voir pour ornement,
Ce cahos, cet enchainement,
Et la nature, & l'artifice ;
Ces fleurs couvrir nonchalamment
Les bases d'un vieil édifice,
Portiques jadis éclatants,
Dont Vulcain, Bellone, ou le Temps
A renversé le frontispice.

    Amis, dans nos amusemens,
Profitons de cette peinture :
Un peu d'art nous rend plus charmants ;
Mais que le fard des agrémens
Ne cache jamais la nature.

RÉFLEXIONS PHYSIQUES
SUR LES FEMMES.

Où sont donc ces grands avantages
    Dont en naiſſant le ſexe fut doté ?
Il poſſede, il eſt vrai, l'eſprit & la beauté,
    Il a les graces en partage ;
Mais par combien de maux ne rachete-t-il pas
    L'éclat d'un brillant appanage ?
Examinons un peu, mais pour lui rendre hommage,
    Ce que lui coutent ſes appas.

Quand de tous ſes thréſors la Nature ſuivie,
Vient ouvrir en ſecret les ſources de la vie,
Et que myſterieuſe, elle écrit le pouvoir
Dépoſé dans leur ſein, créé pour concevoir,
Que de dangers cachés ſous l'éclat d'un beau germe !
    Telle une fleur eſt l'honneur d'un verger,
    Qui dans ſon calice renferme
    L'œuf du ver qui doit la ronger.
Même avant le ſecours de la raiſon tardive,
D'un enfant au teint pâle, à l'œil mourant & beau,
Quels ſoins n'exige pas la ſanté fugitive ?
A chaque inſtant la Parque entr'ouvre ſon ciſeau.
Le moindre acte indiſcret, la fraîcheur d'un ruiſſeau,
L'étonnement ſubit, la peur, même la joie,

Peut ouvrir à toute heure une fatale voie,
Qui jette la beauté dans la nuit du tombeau.
Encore si le ciel reglant ses destinées,
N'eût mis à ces dangers qu'un seul jour, mais, hélas !
Le sexe passe un quart de ses belles années,
   Entre la vie, & le trépas.
  Oui le trépas : à l'ombre du mystere
   J'apperçois le fils de Cythere.
Il vole vers Philis, il ôte son bandeau,
Il le met sur les yeux de la Belle séduite.
   A l'autel la voilà conduite ;
L'Hymen a sur son cœur secoué son flambeau.
Le Temps a fui, grands Dieux ! les soupirs & les larmes
Annoncent un enfant qui déchire son sein.
Les accidens fâcheux, la perte de mes charmes
Ne font rien, dit Philis, si le coup assassin
Ne donne à mon époux de plus justes allarmes.
   Sexe aimable ! sexe charmant !
Quand l'homme vous reproche une humeur, un caprice,
Un goût pour les plaisirs, l'amour du changement,
   Il ne montre que l'injustice
   Du plus foible raisonnement.
Que ne reproche-t-il à la sage Nature
Les Aquilons fougueux, qui dans les vastes mers
   Vont noyer la vapeur impure
   Dont le nôtre infestoit les airs.
Le Ciel, en imposant aux femmes, à nos Reines,

Ce penchant aux plaifirs, ces volages ardeurs,
En plaçant dans leurs yeux les ris proche des pleurs,
Le Ciel ne défiroit que foulager leurs peines,
    Et faire oublier fes rigueurs.
  Elles paffent enfin fous leur dixiéme luftre ;
Alors auffi cruel qu'il fut pour fes enfans,
Le vieux pere des Dieux dévore leurs beaux ans :
Il flétrit leurs appas, il efface leur luftre,
    Il redemande fes préfens.
    Alors les triftes maladies,
Les vapeurs, les dégoûts, les pâles infomnies,
Les livrent tour à tour aux maux les plus cuifans.
Oui, s'il n'eft de vrais maux pour la nature humaine
    Que le poids des vives douleurs,
Le fexe plus que nous doit ployer fous fa chaîne,
    Et fe plaindre de fes malheurs.

EPITRES, ET SATYRES.

EPITRE,

A MON PREMIER RECUEIL.

INUTILE ramas de feuilles entassées,
Livret, petit livret, enfant de mes pensées,
Vous voilà donc enfin, par les soins de Durand,
Destiné comme un autre à tenir votre rang.
Votre rang ? Mais est-il une bibliotheque
Où vous puissiez avoir la plus mince hypotheque ?
Est-il un écrivain qui puisse à ses côtés
Souffrir sans deshonneur vos feuillets effrontés ?
Vous étalez en vain la même couverture :
Un sot n'est pas moins sot, sous l'or que sous la bure ;
Affublé d'un ruban, & niché sous un dais,
Hippias fut-il moins un des plus francs baudets ?
Mais pourquoi m'emporter en rimes indiscrettes,
Suivons notre projet, voyons sur mes tablettes,
Où je pourrai fixer vos dangereux destins ?
Qu'apperçois-je ? Déjà la terreur des Cotins,
Despréaux en courroux veut vous ceder sa place.

Il n'est Poëte ici que votre aspect ne glace.
La Fontaine, Chapelle, & La Fare, & Chaulieu,
Si vous les coudoyez, veulent un autre lieu.
Regnier, Marot, Rousseau, Regnard, Segrais, Moliere,
Corneille, Pavillon, Racine, Deshouliere,
Sur mes ais étonnés l'un l'autre se pressans,
Refusent un voisin destitué de sens.
Ainsi retirons-nous, la plainte est inutile ;
Il n'en est pas ici de même qu'à la ville,
Où souvent un faquin, le valet d'un valet,
Pousse & passe devant la Toque & le Plumet.
  Quand juge sans appel de tous hommes illustres,
Le Temps entre eux & nous a fait couler vingt lustres,
Les rangs sont assignés : les Auteurs & les Rois
Sont marqués à leur titre, & réduits à leur poids.
Le Tems seul met le sceau, fixe la Renommée.
D'admirateurs brüyants une troupe charmée
En vain à quelque idole éleve un piedestal,
De la Postérité le jugement fatal
Dissipe les rayons d'un éclat éphemere,
Et la Motte écrasé baise les pieds d'Homere.
Profitons de l'exemple, & trop audacieux,
N'allons pas, mon Livret, joûter contre nos Dieux ;
Pesons avec respect, leur talent, leur mérite,
Tâchons de comparer, & placez-vous ensuite.
  Quels sont d'abord ceux-ci ? Le mâle Crébillon,
Voltaire, j'aimerois autant dire Apollon :

Paſſons, vîte, paſſons, quoique doré ſur tranche.
Autant vaudroit pour vous être ſur l'autre planche.
Il n'eſt pires voiſins pour un Auteur commun ,
Et c'eſt mettre Câlot à côté de le Brun.
Mais pour fonder nos droits ſur la place accordée,
Mon cher petit Recueil, il me vient une idée :
Si je vous expoſois , ſans partialité ,
Leurs talents , leurs défauts , & ce qu'ils ont traité,
Tel qu'Anchiſe expliquoit dans les Royaumes ſombres
A ſon fils curieux la fortune des Ombres ,
Alors de ce coup d'œil exact & clandeſtin ,
Je pourrois faire éclore un jugement certain ;
Témeraire , il eſt vrai : mais ne nommons perſonne.
Puiſſent même ces vers , où ſi mal je raiſonne,
Dans leurs déciſions ſe montrer aſſez faux
Pour que le nom échappe à qui lit les défauts.
Ce premier-ci , pouſſé d'un zèle Apoſtolique,
Prit ſaintement en main la cauſe Evangelique ;
Mais toujours de ſang froid , & peſamment moral ;
Il commenta ſans fruit Mallebranche & Paſcal ;
Héritier d'un talent affoibli dans ſa courſe ,
A ſes eaux cependant on reconnoît ſa ſource.
  Plus vif , plus pétillant , celui-là dans ſes vers
Ne donne qu'un ſeul fond à ſes tableaux divers ;
Il peint , nouveau Boucher , des fleurs toujours écloſes :
La Nature eſt partout ſur un thrône de roſes.
C'eſt de ſa touche aimable & de ſon coloris

Que l'on voit à Paphos le portrait de Cypris.
  Cet autre , jeune alors , proftitua fa Mufe
A des vers qu'à préfent il trouve fans excufe ;
Melpomene & Thalie à cet Auteur nerveux
Ont infpiré des fons qu'entendront nos neveux.
Vif, rapide , concis ; mais fa rime fublime
Fait quelquefois fentir le travail de la lime.
  Celui-là , plus léger,, a dans fes vers coulans
Carreffé les Vertus , les mœurs & les talents.
Son mérite éclatant fut fon premier Mécene :
Thalie avec tranfport l'a vû remplir la fcène ;
Mais fouvent pour grouper quelques vers brillantés ,
Son abondance ingrate étouffe des beautés.
  O refte précieux d'un fiécle de merveilles ,
*Confrere , ami , neveu , fucceffeur des Corneilles ,
De vos bergers galants oferai-je parler ?
Mille écrits délicats doivent vous confoler ;
Mais loin de la nature & foible d'harmonie ,
L'efprit a fait vos vers au défaut du génie.
  Fier des vices d'autrui , gardez-vous , mon Recueil
De vous laiffer frapper d'un téméraire orgueil ;
Quelques foient les défauts que ma plume releve ,
Ils font maîtres dans l'art où je ne fuis qu'éleve.
Plût au Ciel que rempli de plus nobles fureurs ,
Vous euffiez feulement atteint à leurs erreurs.

---

* Il vivoit.

Ah ! si j'avois ici certains Auteurs modernes,
Sublimes sur des riens, profonds en balivernes,
Qui pour avoir rêvé loin du sacré vallon,
Signent insolemment : nous, enfans d'Apollon !
　Si j'avois tous ces Vers sur des convalescences,
Des Odes sur la paix, d'autres sur des naissances,
Ces commentaires vains de Cantiques sacrés,
Admirables bien moins qu'ils ne sont admirés !
　Si j'avois par hazard cette Muse Tragique,
Epique, Prosaïque, Apopleclique, Etique,
Dont les vers boursoufflés bravoient avec fracas
Les sifflets d'un Parterre entouré de soldats !
　Si j'avois les recueils de mainte Académie,
La petite devise avec la litanie,
Chefs-d'œuvre de province, où dans le cours d'un an
Midas adjuge un prix au flageolet de Pan !
Alors à la faveur de votre petit moule,
Peut-être vous pourriez vous sauver dans la foule :
Là, près de quelque écrit méchamment dérobé,
Il me semble vous voir proche de cet Abbé
Qui chanta.... Mais, mon livre, appuyé sur quel titre,
Du Parnasse François me fais-je ici l'arbitre ?
La tendresse m'aveugle, & l'amour paternel
Rend ici malgré moi mon papier criminel.
　Que panché vers le mal, qu'enclin à la malice,
Notre esprit, pour médire, entre aisément en lice !
Je voulois badiner, & loin de mon début,

La Critique m'emporte au-delà de mon but.
Froid d'abord, tout à coup je m'échauffe, m'allume;
Et l'abfinthe & le fiel découlent de ma plume.
Nouveau réformateur, qui fuis-je pour tenter
Ce que le Dieu du goût ne put exécuter ?
Revenons fur nous-même, & près de la barriere,
D'un pas plus mefuré, parcourons la carriere ;
Ou plutôt finiffons ce projet infenfé.
Que m'importe, mon Livre, où vous ferez placé ?
Je fuis trop irrité que la rage d'écrire
M'ait porté par dégrés à faire une fatyre ;
Elle qui dans ce fiécle a perdu tous fes droits,
Sous le regne adoré du plus clément des Rois.

SATYRE, *

Contre le goût des Ouvrages Poiſſards.

QUoi ! C'eſt donc là l'eſprit qui fait briller les
    hommes !
On admire cela dans le ſiécle où nous ſommes !
O ſage Deſpréaux, dont la Muſe en courroux
D'Apollon vieilliſſant ſçut vaincre les dégoûts ;
Toi dont l'eſprit verſant le fiel de la Satyre ,
Sçut venger le bon ſens en l'excitant à rire ;
Prête-moi , s'il ſe peut , contre un nouvel affront ,
Les traits dont tu flétris le burleſque Scaron.
Tes préceptes ſenſés , tes leçons , tes maximes,
Du Parnaſſe françois ont ſçû chaſſer les crimes ;
Le verbe avant le nom n'oſa plus ſe placer ,
Et la rime avec choix apprit à s'enchâſſer ;
La meſure fut juſte , & l'hémiſtiche ſage
Suivit exactement tes loix & ton uſage.
La Raiſon en frémit , mais ſoûmit ſes appas

---

* Je dois cette juſtice à l'Auteur qu'on pourroit ſoupçon-
ner que j'ai en vûe dans cette Satyre , d'avouer au moins qu'il
a excellé dans l'eſpece de Burleſque que j'attaque : or exceller
eſt toûjours un mérite ; & que de plus , il a écrit avec ſuccès
dans d'autres genres. Tel prétend à la qualité d'Auteur , qui
n'a ni l'un ni l'autre de ces avantages,

Au

Au cercle plus étroit où tu la refferras.
Ce ne fut point affez ; & régent & modele,
Aux plus exactes mœurs ta Mufe fut fidelle ;
Jamais un mot hardi dans tes tableaux divers
Ne fouilla tes fujets auffi purs que tes vers.
Cet heureux tems n'eft plus : les marchés & les halles
Infectent les efprits des jargons les plus fales :
C'eft un marais bourbeux que le facré Vallon :
La fange y cache aux yeux les tréfors d'Apollon ;
Ou ce Dieu bien plutôt exilé du Parnaffe ,
Au burlefque Poiffard vient de céder la place.
Ce tyran du bon fens redoublant fes efforts,
Abufe impunément des fublimes effors.
Pour digue à fes forfaits, qu'un Poëte , un génie
Étale des beaux vers l'élégante harmonie ;
Que la raifon ornant fes plus doctes chanfons ,
Prodigue autant d'efprit qu'elle enfante de fons :
Le Poiffard auffi-tôt à ces talens fuperbes ,
Oppofe effrontément quelques méchants proverbes ;
Et fans art vomiffant de fon rauque gofier
De fades jeux de mots l'affemblage groffier ,
Le peuple de ces traits & le juge & le maître ,
Pour ne pas l'approuver, fçait trop s'y reconnoître.
Il admire , & Phébus , en ces honteux combats ,
Pour la feconde fois eft jugé par Midas.

Oferois-je , en Docteur , feulement pour la forme,
Donner quelques avis , & prêcher la réforme ?

D

O jeunes imprudens , (car il n'est que trop sûr
Que ce style n'est pas celui d'un esprit mûr ;)
Évitez avec soin , s'il en est temps encore ,
Ce goût bas & rampant que le bon sens abhorre.
Rendez aux habitans que voit le Pilori ,
Ce langage par vous si tendrement chéri ;
Et laissez aux fureurs d'une bouche harangere
Cette grossiereté qui vous est étrangere.
Oui : mais me répondra quelqu'Auteur insulté ,
C'est-là mon genre à moi , j'aime la liberté.
Quand au hasard , je fais galopper par la ville
La Tulipe & Margot montés en Vaudeville ,
Ce qu'en Vers à six piés , si vous voulez , méchants ,
Je rime des jurons divisés par des chants ,
Parlez , répondez-moi , critique téméraire ,
Quel mal à mes lecteurs mes Vers peuvent-ils faire ?
Aucun , si vous voulez ; car sans trop vous flétrir ,
Un seul jour à vos yeux les voit naître & mourir :
Mais si j'en parle moi , ce n'est que pour vous-même ,
Et c'est moins le lecteur que votre bien que j'aime.
Il est tant de moyens pour briller en ces lieux ;
On peut s'y faire un nom sans un style odieux.
Tout rimeur , je le sçais , ne peut sur le Parnasse
Se voir près de Corneille , ou coudoyer Horace :
Mais sans grimper si haut , ni sans descendre trop ,
On compte plus d'un rang de Virgile à Marot.
Pourquoi donc nous forcer , gênés dans nos suffrages

De loüer votre efprit , en blâmant vos ouvrages ?
Que j'aime un clair ruiffeau, qui tranquille en fon lit ,
Se perd parmi les fleurs que fon cours embellit !
Mais un foffé bourbeux , vil égout de latrines ,
Je fuis à fon afpect, en bouchant mes narines.
   Trop aveugles fur nous , nous n'examinons pas
Ce que notre penchant prépare fous nos pas :
On s'admire , on fe plaît , foi-même on fe carreffe ;
Je fuis feul en mon génre , unique en mon efpece.
Quelle efpece, grands Dieux ! fans peine & fans tour-
      ment ,
Mieux que vous la Poiffarde en fait le rudiment.
N'allez pas m'alléguer que c'eft un badinage
Dont on peut, quand on veut , dépouiller le langage.
Quand l'efprit dans un vice eft une fois tombé ,
Que les plis en font pris , ou le vafe imbibé ,
En vain à l'habitude on cherche des barrieres ,
Et l'on a pris le goût en prenant les manieres.
   Quand le vainqueur d'Arbelle eut rangé fous fa loi
Les Peuples, les Etats , l'empire du Grand Roi ,
Et qu'après trois combats il eut dans Babylone ,
Des Perfes renverfé la puiffance & le thrône ;
L'imprudent auffi-tôt libre de foins preffans ,
Endoffa le premier la robe des Perfans.
Capitaines , Soldats , Courtifans , Philofophes ,
Vétirent à l'envi de femblables étoffes :
A l'exemple du Roi chacun dans fon accès ,

Le plus loin qu'il pouvoit, fut porter cet excès :
Et l'on vit les vainqueurs pour dernieres merveilles,
Parés de brasselets, & de boucles d'oreilles.
Mais le vice filtrant au travers des habits,
De ces braves guerriers fut changer les esprits ;
Et l'on vit ces Héros, ces vainqueurs du Granique,
Persans par la valeur, comme par la tunique.
Leur histoire est la vôtre, & tel est le danger,
Où votre nouveau goût pourroit vous engager.
Sans trop vous informer, si la cause est honnète,
Vous savourez l'encens qu'on vous jette à la tête :
Mais si comme a prêché certain illustre Auteur,
L'esprit se sent toujours des bassesses du cœur,
Jugez par son avis plutôt que par le nôtre,
Si c'est par vos écrits qu'on doit juger du vôtre.

PRÉJUGÉ DES AUTEURS.

Qui pourroit m'indiquer où demeure l'Envie ?
J'entends partout maint Auteur s'écrier,
Ah ! l'Envie, ah ! l'Envie ! *On a beau la prier,*
La cruelle qu'elle est, par la rage suivie,
Répand à chaque instant ses poisons sur ma vie.
Sur votre vie : ô Ciel ! que vous êtes heureux !
     Monsieur l'Auteur entouré d'envieux,
     Que je vous voye : hélas. tant de mérite
     Avoit le droit d'exciter leurs fureurs.
Tempérez par bonté l'éclat qui les irrite ;
Vous deviez vous attendre à toutes ces horreurs :
Vous êtes trop grand homme ; & moi, qui vous re-
     garde,
Et qui ne vous connois que depuis un instant,
Je me sens.... Ah ! grands Dieux ! oui, si je n'y prends
     garde,
Je me sens si petit, quand je vous vois si grand,
Qu'à vos jaloux mon cœur ajoute un concurrent.
Ce que c'est que d'avoir un si vaste génie,
L'esprit de Cicéron, & l'ame de Brutus,
     L'intelligence à la sagesse unie !
Du concert des humains on trouble l'harmonie

On accable les gens du poids de ses vertus.
  Monsieur l'Auteur, oui, je parie,
  Vingt louis, non, j'en pose cent,
  Que si de vos tristes années,
  La Parque retordoit le fil éblouissant,
Vous refuseriez net vos grandes destinées,
Vous choisiriez plutôt la douce obscurité
  D'un Citoyen que rien n'agite,
  Et qui dans la tranquillité,
Arrive doucement sur les bords du Cocyte
Par les sentiers unis faits pour l'oisiveté :
Oui, vous immoleriez votre nom, votre gloire,
Vous voudriez, plongé dans les ombres du Temps,
N'être pas plus célebre au Temple de mémoire,
Que moi, rimeur obscur, de qui les vers rampans....
  Non. Comment, non ? Ah ! ah ! Je vous entends,
Vous voulez des lauriers, & les cueillir sans peine.
  Tel un Seigneur qui, porté mollement
  Sur des ressorts à la d'Alène,
  Se plaint du bruit impertinent
  Que fait son carosse en marchant.
Que ne va-t-il à pied ? Il entre chez Hortense,
  Il s'écrie avec pétulance :
Mes gens sont des coquins, mes fermiers des fripons,
  Mon intendant, mes secretaires,
  Mes bois, mes gardes, & mes terres,

Tout va mal , on me pille , ils font tous des larrons.
  On double , on triple ma dépenfe ,
  J'irois à l'Hôpital tout droit ,
  Si je n'avois une fortune immenfe.
Marquis , tout ce courroux n'eft qu'un moyen adroit
  Pour parler de votre opulence.
Ah ! l'Envie , *ah ! l'Envie !* Auteurs , on vous croiroit
  Plus piqués de fon infolence ,
  Si vous aviez moins d'éloquence
A peindre les fureurs de fon acharnement.
  Oui , dans les plaintes que nous forge
Votre cœur , dupe alors de fon reffentiment ,
  Notre amour-propre clairement
  Voit le vôtre qui fe rengorge.
Ma raifon y voit plus , & j'ai prefque deffein
  De penfer mal d'un Auteur fi chagrin :
  Car cette envie au comble parvenue ,
Dont il offre à nos yeux les vifs emportemens ,
  Et les tranfports & les raffinemens ,
La peindroit-il fi bien , s'il ne l'avoit connue ?
Tout grand homme va droit , & fimple , il ne croit pas
Qu'il puiffe être l'objet d'une jaloufe rage.
Si quelque écervelé jappe fur fon paffage ,
Il marche fans fe plaindre , & laiffe fur fes pas ;
  Abboyer les chiens du village.
  Je pourrois citer plus d'un Sage ,

D iv

Montefquieu, Fontenelle, ou Caton ;
Mais ce difcours auroit l'air d'un fermon.
Ne citons rien, & fans cérémonie,
Finiflons, chers Auteurs, par un trait d'amitié :
Tel d'entre vous croit faire envie,
Qui fouvent ne fait que pitié.

ECLOGUES.

TIRCIS.

LE Soleil, descendu plus bas que les campagnes,
N'éclairoit de ses feux que le haut des montagnes,
Le Zéphire captif, s'échappant des forêts,
Se glissoit dans la plaine, & ramenoit le frais ;
Sous son souffle badin, plus odoriférante,
La Rose relevoit une tige expirante ;
Et cependant la nuit dans ses voiles épais
Rassembloit lentement les ombres, & la paix :
Tout étoit calme alors, tout ; mais, par intervalle,
On entendoit de loin le chant de la Cigale.
Lorsque Tircis enfin échappé du hameau,
Ses troupeaux renfermés, vint s'asseoir sous l'ormeau :
  Content de son loisir, & de sa solitude,
Il enfle sa musette, il médite, il prélude,
Et son Pipeau leger d'accord avec sa voix,
Il chante de Philis les amoureuses loix ;
Ce n'étoient point ces sons des bergers d'Italie,
Difficulté brillante, éclatante folie.

D 4

Où la Nature cede à l'ornement vainqueur ;
Mais simples , mais sans art , ses sons peignoient son
　　　　cœur.
　　Attiré par le bruit que l'écho lui répete ,
En ces lieux à grands pas accourt le blond Damete.
Damete , ce berger qui désertant nos bois ,
A consacré sa lyre aux vains plaisirs des Rois ,
Et qui fier de grossir une foule importune ,
A troqué son repos contre un peu de fortune.
C'est Tircis , cria-t-il ? Hé ! quel autre en ces lieux
Pourroit frapper les airs d'un son harmonieux ,
Qui peut , autre que lui , dans ce rustique asile ,
Faire entendre des chants qu'admireroit la ville ?
Mais Tircis , mais Tircis que n'y viens-tu ? Suis-moi ,
Ces champs & ces troupeaux ne sont pas faits pour toi ;
Que , ta houlette en main , un Pâtre te remplace ,
Laisse ce vil emploi fait pour la populace ,
Quelque soient les talents , l'homme de Cour surpris
Met l'admiration à côté du mépris.
Un berger ! il croiroit partager ta bassesse ,
S'il convenoit tout haut d'un éclat qui le blesse.
L'amour-propre outragé ne rend qu'en frémissant
La justice qu'il doit au mérite naissant.
Viens à la ville , viens , quitte la Pannetiere ,
Tu prendras , pour séduire , une forme étrangere ;
Là , voilant ton état sous un vernis brillant ,
On verra la faveur carresser le talent.

Hélas ! fans un peu d'art on n'y fçauroit atteindre ,
Et pour vendre fa laine il faut fouvent la teindre.
Alors que de Plaifirs , de Ris , de Jeux , d'Amour !
Chez les grands , chez le peuple ; à la Ville , à la Cour,
Sous le manteau des Arts , la Roture accueillie
Prend la main à Mecene , & la baife à Julie ,
Alors qu'un hiver rude entaffe les glaçons ,
Que le Ciel enflâmé defféche les moiffons ,
Qu'un Publicain armé d'un arrèt redoutable
Enleve les brebis jufques dans leur étable.
Que plus cruels encor pour courir aux dangers ,
Les durs enfans de Mars enlevent les Bergers ,
Tircis ne craindra plus les coups de la tempête ;
Ils ne frapperont plus que le vil peuple. Arrête ,
Arrête , dit Tircis ; ceffe de m'outrager :
Ton cœur , s'il penfe ainfi , ton cœur doit me venger
De ceux qu'à ton avis un fort cruel accable :
Le Pafteur inutile eft le feul méprifable ,
Il n'eft de mortel vil que l'homme dangereux.
Damette , eh ! qui t'a dit que je fuis malheureux ?
Ces fituations que tu dépeins affreufes ,
Ces Publicains armés , ces faifons rigoureufes ,
Sont des maux répandus dans ce vafte Univers ,
Ces Grands fi fortunés n'ont-ils pas leurs revers ?
Sous les efforts du vent , vois un fuperbe chêne ;
Il tombe , & ce rofeau fe releve fans peine ;

D vj

Mais pour changer mon sort, fais moi voir des appas.
Près de ces grands Seigneurs que je ne connois pas,
L'air est-il plus serein ? L'onde est-elle plus belle ?
Le Ciel y brille-t-il d'une clarté nouvelle ?
Sur le duvet couchés, leur paisible sommeil
N'est-il jamais troublé par un fâcheux réveil ?
Réparé par des mets, par des liqueurs plus saines,
Un sang plus rafraîchi coule-t-il dans leurs veines ?
Ont-ils pour être heureux des moyens inconnus ?
Plus sinceres que nous, ont-ils plus de vertus ?
Je ne le pense pas, & leur être ressemble
A ces dormantes eaux que le marbre rassemble :
Le bassin fastueux qui leur sert de prison,
Pour leur salubrité ne vaut pas ce gason.
Près de leurs voluptés viens comparer les nôtres,
Sans redouter les uns, sans méprifer les autres ;
Nous nous chérissons tous, nous sommes tous égaux ;
L'amitié suit nos jeux, ainsi que nos travaux ;
Notre cœur fait, je crois, pour sentir la tendresse,
Vole vers son égal, s'échauffe, s'interesse.
Un vieux Pasteur m'a dit que sans l'égalité,
L'homme ne peut prétendre à la félicité,
Que c'étoit offenser celui qui nous fait naître,
Qu'affecter des grandeurs au-dessus de notre être.
Le Ciel, ajoutoit-il, se venge fur ce Grand :
Même par les respects qu'il attache à son rang,

L'égalité le fuit , cette égalité douce ,
Il l'appelle , elle approche , & l'orgueil la repousse ;
Compagne de l'Amour & de la Vérité ,
Elle fuit en tous lieux la médiocrité.
C'est dans cet heureux champ que germe la sagesse ,
Oui , Damete , & mon cœur nâge dans l'allegresse ,
Quand j'oblige l'ami que je porte en mon sein.
   Dans cette plaine hier j'apperçois un essain
De rejettons fuyants la ruche maternelle ;
J'y cours , j'attends , j'approche , & d'une main fidelle
Rassemblant ces ingrats , tels qu'ils étoient sortis ,
J'allai les reporter dans le verger d'Atis.
   D'osiers entrelacés , j'ai clos ces pâturages ,
Sur le bord du chemin j'ai planté ces ombrages ,
Le voyageur content y rend graces aux Dieux ,
Et de l'ombre & du frais qu'il rencontre en ces lieux.
   Lorsqu'un loup cet hiver désola nos campagnes ,
Je courus le chercher jusques dans nos montagnes,
Quoiqu'il mordît l'épieu qui déchiroit son flanc ,
Il tomba sous mes coups renversé dans son sang.
Je sauvai Licidas & ses brebis chéries ,
J'ai forcé ce ruisseau d'abreuver ces prairies.
Faire du bien à tous est mon unique objet ,
J'en suis récompensé sitôt que je l'ai fait ,
Et je crois être heureux autant qu'on le peut être
Lorsque je fais le bien , dès que j'en suis le maître.
   O toi , cher fondement de ma tranquillité ,

Houlette, sceptre heureux fait pour la liberté,
Sois toujours le bonheur & l'appui de ma vie,
Ecarte les jaloux, sers de borne à l'envie :
Et toi, tendre Musette, écho de mes chansons,
Que jamais l'intérêt n'avilisse tes sons ;
Ne chante que Philis, son amour, & ma flâme,
Elle est le sentiment le plus pur de mon ame.

   Mais, Damete, les Cieux ont perdu leur azur,
La nuit étend sur nous un voile plus obscur.
Adieu, je vais trouver ma compagne fidelle ;
Je voudrois bien demain être aux champs avant elle.

ISMENE ET AMARILLIS.

L'Un de ces jours assis dans un sombre bocage,
J'entendis quelque bruit : j'écartai le feuillage ;
Et lançant mes regards au travers du taillis,
Je vis sur le gason la jeune Amarillis.
Ismene étoit près d'elle : ardent à les entendre,
J'approchai doucement, sans pouvoir m'en défendre.
Amarillis disoit : Oui, craignons ce vainqueur
Qui n'a que des tourmens & pas une douceur.
Que ses traits sont cruels ! ce que pour les campagnes
Est un torrent grossi qui descend des montagnes ;
Ce que font aux moissons les trop grandes chaleurs,
Et les loups aux brebis, l'amour l'est à nos cœurs.
Nous voyons sous nos yeux la sœur de Timarette :
Jadis elle chantoit ; le son de la musette
Étoit moins gracieux que celui de sa voix.
Le rossignol charmé la suivoit dans nos bois.
Tant qu'elle méconnut une folle tendresse,
Rapidement ses jours couloient dans l'allegresse :
Les Ris & la Gaîté sembloient suivre ses pas,
Et nos jeux languissoient où Philis n'étoit pas.
Dans nos cantons alors est revenu Sylvandre :
Il parut, il la vit ; & Philis devint tendre.
Mais sans doute son cœur cherchant à s'enflâmer,
Aspiroit dès long-tems au vain plaisir d'aimer :

Car de notre aveu feul l'amour tient fa puiffance,
Depuis ce jour fatal à fa chere innocence,
Combien de fois l'écho fenfible à fes douleurs
A-t-il redit les fons qu'accompagnoient fes pleurs ?
Elle erre dans nos bois fans fujet & fans caufe,
Et les lys, fur fon teint, ont effacé la rofe.
Sa pâleur, fes foupirs & fes regards diftraits,
En dépit d'elle-même, annoncent fes fecrets.
Nous ne la voyons plus fur ces rives fleuries :
Son troupeau qui la fuit femble fuir nos prairies ;
Et loin des bords charmans où croît le ferpolet,
Ses brebis font fans force, & fes chevres fans lait.
Tout ce qui l'environne eft fenfible à fes peines.
Ses agneaux en bêlant ont traverfé ces plaines :
L'oifeau qu'elle élevoit en a perdu fon chant ;
Et quelquefois fon chien la regarde en pleurant.
Voilà quel eft l'amour, & le poids de fa chaîne.
N'aimons jamais que nous ; aimons-nous, chere Ifmene.
Je ferai tes plaifirs ; toi, les miens : notre cœur
Ne peut de nœuds plus doux attendre fon bonheur.
Fuyons tous nos bergers, non que je m'en défie :
Mais à notre amitié mon cœur les facrifie.
Et moi, reprit Ifmene, en recevant le tien
Sois fûre du retour. Amour, par ce lien,
Nous bravons à jamais ton redoutable empire ;
Ce n'eft que d'amitié que notre cœur foupire.
J'en jure par les Dieux : on verra les oifeaux
Déferter les forêts pour habiter les eaux,

Sur les étangs glacés voltiger l'hirondelle,
La colombe à ses feux devenir infidelle,
La jonquille en blancheur l'emporter sur les lys,
Lorsque je cesserai d'aimer Amarillis.
Que mes sermens, grands Dieux ! reglent ma destinée.
Qu'on ne me parle plus d'amour & d'hymenée ;
Vivre pour toi, Bergere, est mon unique but.
Elle achevoit ces mots, quand Silvandre parut.
　　Tout ce que la jeunesse & la belle nature
Peuvent offrir d'appas, brilloit dans sa figure :
Ses regards étoient vifs, mais doux & gracieux.
La vertu, la candeur se peignoit dans ses yeux.
Timide, sans avoir aucun sujet de l'être :
Bergeres, leur dit-il, auriez-vû paroître
Dans ces lieux écartés le troupeau d'Alcidas ?
D'Amarillis ensuite il loua les appas,
Ses cheveux, ses rubans, ses fleurs, sa collerette ;
Il carressa son chien, releva sa houlette.
Ismene en fut distraite, Amarillis rougit.
Quelques instans après le beau Berger partit.
　　Nos Bergeres alors froidement s'embrasserent ;
Sur un prétexte vain elles se séparerent.
L'amitié parut peu dans leurs sombres adieux.
Amour ! perfide Amour ! ce sont là de tes jeux.

PHILIS.

En tournant vers la gauche, à vingt pas du hameau,
On remarque un vieux chêne à côté d'un ormeau.
Là, commence un sentier qui par un cours oblique
Conduit en descendant vers un antre rustique.
Un lierre rampant sur de jeunes osiers,
Une vigne sauvage, & de tendres rosiers,
Qu'au-devant de cet antre a placé la nature,
Semblent vouloir aux yeux en cacher l'ouverture.
A quelques pas plus loin se présente un bouquet
D'arbrisseaux toujours verds, & rangés en bosquet :
Un ruisseau, l'ornement des campagnes voisines,
Y prend son cours au pied, en baigne les racines.
Il sort en murmurant, & rapide en son lit
Fuit au milieu des fleurs que son cours embellit.
  Ce lieu, des tendres vœux, secret dépositaire,
Fut choisi de tout tems par le Dieu de Cythere.
Le Zéphyre jamais ne quitte ce séjour :
On s'y plaît, on y rêve, & même sans amour.
  C'est-là que loin du bruit, & fuyant la lumiere,
Philis cachoit les pleurs qui mouilloient sa paupiere.
Ils couloient sans effort, & ses humides yeux
Élevoient tristement leurs regards vers les Cieux ;

Triftes effets d'un mal qu'elle s'obftine à taire !
Mais croyant être feule en ce lieu folitaire ,
Sur du fable voifin, pour tromper fes foucis ,
Du bout de fa houlette elle écrivoit, TIRCIS.
Eglé la voit, s'approche. Ah ! dit-elle, Bergere ,
Je fais enfin l'amant que votre cœur préfere.
Mais d'où vient la rougeur qui vous couvre le front ?
A votre âge l'amour eft trop loin d'un affront ?
Je vous ai vûe errante en ces fombres retraites ;
 'yvenois partager vos peines trop fecrettes :
N'ai-je pas de l'Amour auffi fenti les coups ?
Fiez-vous à ma foi ; hélas ! que rifquez-vous ?
La fraîcheur d'un feuillage , & l'afpect d'une fource
Plaît moins au voyageur altéré de fa courfe ,
Que ne plaît à des cœurs amoureux en fecret
Le fecours bienfaifant d'un confident difcret.
Je fais ce qu'il en coûte à dire le mot , *J'aime.*
Cet aveu fut toujours fuivi d'un trouble extrême ;
Mais je le fais, ce mot. Que je les trouve heureux !
Ils ne rougiffent point de fe dire amoureux ,
Ces Bergers fi charmans pour qui le cœur s'enflâme :
Et nous , les feux qu'Amour allume dans notre ame ,
Donnent à déguifer beaucoup plus d'embarras
Qu'ils n'en ont à montrer ceux qu'ils ne fentent pas.
C'en eft fait, dit Philis, en effuyant fes larmes ;
Eglé, vous le voulez , connoiffez mes allarmes.
Confidente par choix autant que par hafard ,

De mes ennuis secrets je vais vous faire part.
Les frimats par deux fois ont chassé la verdure,
Depuis que mon cœur céde au tourment qu'il endure,
Et que je cache à tous, sous un air de froideur,
Mes larmes, mes soupirs, ma honte & mon ardeur.
Je me cache à Tircis ; Tircis même l'ignore :
Il ne saura jamais que c'est lui que j'adore.
Je le fuis : mais ma fuite augmente mes soucis ;
Je retrouve par-tout l'image de Tircis.
Tout m'en parle : ces bois, cet antre, ces campagnes
Tout est Tircis pour moi : si l'écho des montagnes
Vient frapper ces vallons, je frémis & je crois
Entendre ses moutons, sa musette, ou sa voix.
En vain depuis long-tems Hylas par sa tendresse
Croit chasser ou calmer le trouble qui me presse.
J'admire vainement sa constance & ses soins ;
J'en aime plus Tircis, & je l'en aime moins.
Que de soins cependant ! près de ma bergerie
Je trouve chaque jour une rose fleurie,
Un œillet, une fleur, & même ce matin,
Pour hommage, un bouquet composé de jasmin.
Et près de cet objet qui me frappa la vûe,
Je vis ces mots tracés d'une main inconnue :
C'est sans doute d'Hylas, il n'importe, je lis :
Allez, jasmins, allez sur le sein de Philis.
Les plus brillantes fleurs lui doivent leurs hommages,
Et vous y trouverez mieux que dans nos bocages

La fraîcheur de la rose , & la blancheur du lys.
Ces vers & ces préfens feroient trop embellis ,
Si Tircis.... Mais que dis-je ? Hylas devroit me plaire.
Un agneau l'autre jour avoit quitté fa mere ,
Je le cherchois : je vis à l'ombre d'un tilleul
Un panier fait de joncs , & couvert de glayeul :
Je l'ouvris , j'apperçus parmi des violettes ,
Des rubans difpofés pour orner des houlettes.
Ils couvroient un chapeau qu'entrelaçoient des fleurs.
J'y remarquai mon nom, mon chiffre, & mes couleurs :
Mais j'entendis du bruit , je le refermai vîte ,
Et vers notre hameau je pris foudain la fuite.
Le foir j'y vis Hylas , qui toujours empreffé
Ne me dit rien du don que j'avois méprifé.
Rien ne peut altérer fa conftante allegreffe :
Tout le flatte , & malgré fes preuves de tendreffe ,
Je vois,(hélas ! mon cœur craindroit de trouver mieux,)
Plus d'amour dans fes foins qu'il n'en a dans fes yeux.
Mais que m'importe à moi fa joie, ou fa trifteffe ?
Tircis feul a le droit de m'occuper fans ceffe.
Dans cette plaine hier je marchois fur fes pas :
A le fuivre , à le voir , je trouvois mille appas.
L'air me fembloit rempli d'une fraîcheur nouvelle,
L'herbe que je foulois m'en paroiffoit plus belle.
Il rêvoit triftement ; & même , en fon chemin,
Sa houlette deux fois s'échappa de fa main.
L'amour le tient auffi dans fes cruelles chaînes ,
J'en connois trop les feux , les langueurs & les peines.

Il aime, & de quelqu'autre il eſt ſans doute épris :
Mais moi je n'ai de lui que froideurs ou mépris ;
Loin même des tranſports qu'exige un amour tendre,
Son front rougit des ſoins qu'un haſard lui fait rendre.
Le chevreau que j'aimois, perdu dans des roſeaux,
Fut au milieu du fleuve entraîné par les eaux.
Il le voit, il y vole, il ſe jette à la nage,
Il eſt en un inſtant à dix pas du rivage :
Mais l'onde alors l'entraîne au milieu du courant,
Le flot le couvre. O Ciel ! que devins-je à l'inſtant !
Je pâlis, je me trouble, un froid mortel m'accable ;
Sans force & ſans couleur je tombe ſur le ſable.
Ah ! que n'ai-je plutôt vû périr mon troupeau !
Tircis revint enfin, il tenoit mon chevreau :
A cet heureux chevreau que je portois envie !
C'eſt pour lui qu'on riſquoit & ſes jours & ſa vie.
Tircis, mon cher Tircis, le ſerroit dans ſes bras ;
Son ſecours, ſon danger, le ſauvoit du trépas :
Que ne feroit-il pas pour les jours d'une amante ?
Il approche de moi, ma voix étoit tremblante :
Mon chevreau, dis-je alors, méritoit-il, Berger,
Que l'on courût pour lui ce terrible danger ?
J'ignorois, reprit-il, que ce fût-là le vôtre ;
Le ſoin que j'eus pour lui, je l'euſſe eû pour tout autre.
Pour tout autre ? L'ingrat ! l'amour que j'ai pour lui
L'aurois-je pour tout autre ? O Ciel ! juſqu'aujourd'hui
Si tes faveurs.... Philis en eût dit davantage :
Mais elle vit Tircis au travers du feuillage.

Dans cet antre caché , ce Berger trop heureux
Écoutoit la Bergere , & ſes tendres aveux ;
De joie & de plaiſir il reſpiroit à peine ;
Les ſons qu'il entendoit ſuſpendoient ſon haleine ,
Et parmi les tranſports de ſes ſens agités ,
Il retenoit en vain ſon chien à ſes côtés.
O Ciel ! reprit Philis , quoi ! j'étois entendue !
Que vois-je , chere Eglé ? Tircis ! je ſuis perdue.
Oui , c'eſt moi , reprit-il , tombant à ſes genoux :
Je viens pour expoſer au plus juſte courroux
Un Berger trop heureux dont l'amour eſt le maître :
Trop heureux , car mon cœur me rend digne de l'être.
Ces hommages de fleurs , & ces dons ſi vantés ,
Chaque jour par mes mains vous étoient préſentés.
Je vous aimois , Philis : mais Hylas peu ſincere
M'ôtoit par ſes tranſports tout eſpoir de vous plaire.
Je liſois dans ſes yeux un bonheur ſi conſtant ;
Je le croyois aimé , je le voyois content ;
Et de-là ces tranſports , ces mépris & ces feintes ,
Qui cauſoient nos malheurs , mes tourmens & vos plaintes.
M'aimeriez-vous encor , Philis ? Quoi ! juſtes Dieux !
Quoi ! j'aurois fait couler des larmes de vos yeux !
Pardonnez-le en faveur de l'amour qui m'engage :
Me le promettez-vous ? Philis à ce langage
Lui prit les mains , rougit , & ſourit tendrement.
Eglé les laiſſa ſeuls : j'en aurois fait ſerment.

A   P H I L I S.

MEs chers agneaux, éloignez-vous,
Fuyons de ce triste bocage :
Je ne puis vous trouver un meilleur pâturage :
Mais passons en des lieux qui me semblent plus doux.
C'est près de cet ormeau, c'est sur cette fougere,
    Que souvent avec ma Bergere
Je présidois à vos heureux destins.
    Agneaux, que souvent par ses mains
J'ai vû parés des dons de Zéphire & de Flore,
Que je vous enviois ! Je vous envie encore ;
    Vous connoissez peu les chagrins.
Je reste malgré moi sous ce funeste ombrage,
    Quoique tout m'y trace l'image
De mon bonheur passé, de mon malheur présent.
    Vainemènt tout m'y repréfente
Ces jours si fortunés, passés comme un instant :
Tout m'y redit aussi : ta Philis est absente.
    C'étoit dans ce reduit qui savoit me charmer
    Qu'au tendre son de la musette,
Nos Bergers assemblés, la volage Lifette
    Par ses accents croyoit nous enflàmer :
    Elle chantoit, & la coquette
Étonna par les sons, mais ne fit point aimer.

Philis

Philis ne chanta point ; fous un prétexte honnête,
  Ma Bergere s'en défendit.
L'Amour fur plus d'un cœur en perdit fa conquête,
  Et Lifette s'en applaudit.

J'entrai ; Philis me prit pour l'ami de fon frere.
Aimer tout ce qu'il aime, eft pour elle une loi.
  Je reçus d'elle un regard peu fevere ;
      Mais il n'étoit pas fait pour moi.
      Quel trouble un regard feul infpire !
Allons, brebis, allons, je m'éloigne à regret.
  Reftons... Non... Ciel ! je frémis, je foupire,
      Ces lieux ont un pouvoir fecret
Qui me charme, m'attrifte, & me chaffe, & m'attire!
      Hélas ! quel feroit leur empire,
Si j'y voyois Philis, feulement fon portrait !
      Il me femble la voir foûrire.
Ah ! Philis, eft-ce vous ? .... Mais que viens-je de dire ?
Je l'ai perdue, ô Ciel ! c'eft-là ton dernier trait,
      A tes rigueurs il doit fuffire.

      Bergers, qui voyez fes appas,
Non, ce n'eft pas l'Amour qui caufe mes allarmes ;
C'eft une amitié pure. Ils ne me croiront pas.
Peut-on n'être qu'ami, quand on a vû fes charmes ?
  Ils le diront, je leur pardonne, hélas !

F

PORTRAIT D'ÉGLÉ.

ÉGLÉ, je fais des Vers, & ce n'est pas pour vous.
J'ai brûlé de l'encens pour Ismene & Thémire,
De vous en présenter il m'eût été bien doux :
Mais sur votre sujet je n'avois rien à dire.
　　　　Ne vous mettez point en courroux ;
Vous plaisez, je le sçais, mes sans soins, sans allure.
Vos gestes tout unis semblent faits par hazard ;
Rien ne ressent chez vous les grimaces, & l'art
　　　　Ne prête rien à la nature.
　Ignorez-vous que l'art est un devoir ;
Qu'une femme sans art ne peut être jolie ;
Qu'il faut que ses regards dictés par le miroir,
Soient l'effet de l'étude, & le fruit du génie ?
Aussi, quand vous entrez dans une compagnie,
　　　　Vous la charmez sans le sçavoir.
Qu'on jase dans un cercle, & qu'on parle à la ronde,
Vous répondez fort bien, car il faut qu'on réponde ;
Mais devant vous, adieu tous les contes plaisants,
Adieu tous les propos sur la brune & la blonde ;
Adieu tous mots suspects, & tous traits medisans ;
　　　　Et vous contraignez tout le monde.
Vous badinez pourtant, & même de bon cœur ;
Votre soûrire est fin, sur-tout à la sourdine :

Mais que nous sert ce soûrire enchanteur ?
C'est la Raison en belle humeur,
Et c'est la Vertu qui badine.
Que de gens vous gênez par votre air circonspect !
D'abord tout jeune fat l'est moins à votre aspect :
Il consulte vos yeux pour l'air de son visage ;
Et l'Amour devant vous déguisant son langage,
Joue humblement le rôle du Respect.
Je vous connois pourtant une foiblesse.
Oui, oui, je la connois, & non pas d'aujourd'hui.
Je vous ai vû verser des larmes de tendresse,
Et pleurer sans effort sur le malheur d'autrui.
Est-ce qu'à dix-huit ans le malheur intéresse ?
Enfin tranchons d'un mot : vous avez le cœur haut,
L'esprit vif & liant, l'ame compatissante ;
Mais vous n'avez au plus que cent louis de rente,
Il vous falloit bien un défaut.

E ij

EPITHALAME,

Sur le Mariage de Mr. D. S. & de Mlle. L. N.

NONCHALAMMENT ployé sur mon pupître ;
Je savourois je ne sçais quelle Epître ,
Qu'Ovide fit sur l'art de bien aimer ,
Lorsque le Dieu qui sçait nous enflâmer ,
Chez moi parut. A sa marche étourdie ,
A ses regards remplis de perfidie ,
A son sourire , à ses aîles au dos ,
Je dis d'abord : C'est le Dieu de Paphos.
Oui , reprit-il , c'est l'Amour qui s'en vante
Ils sont unis , leurs plaisirs sont les miens.
Unis ! qui donc ? Ah ! fripon , je te tiens :
Tu me diras l'histoire intéressante ,
Et les héros de ces tendres liens.
En vain tu crois échapper de mes mains :
Je te tiens trop ; mais laisse cet armure ,
L'arc , le carquois , ces fleches , ce flambeau ,
Je sçais de toi ce que vaut leur blessure.
Ah ! depuis quand vas-tu donc sans bandeau ;
Mais dis avant , cet hymen , cette histoire
Unique enfin , puisqu'elle est à ta gloire :
Baisse les yeux pour me la raconter ,
Traître , de toi je dois tout redouter ,

Après les tours... Allons, parle, j'écoute.
Ne point parler, je le devrois sans doute,
Me dit alors cet enfant de Cypris :
Mais j'aime trop à parler de Philis.
De l'Amitié, cette sœur indiscrette,
Quand il s'agit de louer ses amis,
J'ai tant appris que Philis est parfaite,
Qu'abandonnant mes plus chers favoris,
J'ai tout tenté pour lui ravir ce prix.
Mais dans l'ardeur où m'emportoit mon zèle,
Combien de fois voltigeant autour d'elle,
Ai-je sans fruit assiégé ses appas ?
Ma main s'armoit d'une fleche nouvelle :
Le trait lancé tomboit devant ses pas.
Quoi donc ! disois-je, une simple mortelle
Auroit des droits réservés à Pallas ?
C'est elle. Non, Pallas n'est pas si belle.
Pour me venger d'un mépris odieux,
Au Dieu d'Hymen courons porter ma plainte,
Je pars, je vais, j'arrive furieux.
Le triste Ennui, le Devoir, la Contrainte,
Et la Froideur sous les traits du Respect,
De son Palais fuirent à mon aspect.
Vas, me dit-il, je devine ta peine ;
Et les replis de ta ruse inhumaine ;
Perfide Amour, si tu connois un cœur,
Que pour ma gloire ait réservé l'honneur

Tu viens d'abord implorer ma puiſſance,
Pour l'engager ſous ton obéiſſance ;
Tu viens ramper ſous mes paiſibles loix,
Pour mieux enſuite inſulter à mes droits.
Que Jupiter, & toi-même en ſoient juges ;
Tous mes ſujets ne ſont que des transfuges,
Qui déſertant mes drapeaux iſolés ,
Sous ton carquois ſe ſont tous enrôlés.
Thémis en vain de ſon glaive fidele,
S'arme aujourd'hui contre l'époux rebelle.
L'Hymen n'eſt plus qu'un lien d'un moment ;
Qui n'eſt ſacré qu'à l'inſtant du ſerment ;
Et la conſtance eſt enfin un prodige ,
On n'y croit plus. Arrête, Hymen , lui dis-je ;
Un mot ſuffit à tes reſſentimens.
Ne pouvons-nous en ces tems ſi proſperes,
Faire aujourd'hui pour de tendres enfans ,
Ce qu'autrefois nous fîmes pour leurs peres ?
Reſſouviens-toi , je t'en promis autant ,
Et je le tins : l'époux eſt mon garand.
Si tu ſçavois celui que je deſtine ,
Son cœur, ſes traits, de quel nom, de quel ſang !
Je te dirois ſon illuſtre origine ,
Si dans Cythere on diſtinguoit le rang.
Vas , ne crains point ma fleche libertine.
Quand ce qu'il plaît qu'on appelle l'honneur,
Ne ſeroit pas dans l'un & l'autre cœur ,

Liés tous deux d'un amour véritable,
Pourroient-ils rien aimer de plus aimable ?
Suis-moi, mon frere, & partons à l'inftant.
De mes raifons plus qu'à demi content,
L'Hymen me fuit ; je les frappe, on s'aflemble ;
Ils font unis, que de plaifirs enfemble !
Les Ris, les Jeux ont tiré le rideau ;
Trop occupé j'y perdis mon bandeau.
Si tu favois leurs flames, leurs tendreffes ;
Les doux refus, les preffantes carreffes,
Baifers ravis, rendus avec ardeur ;
Tout fut plaifir jufques à la pudeur.
Je veux tranfmettre aux enfans de Cythere
Les nouveaux jeux de ce tendre myftere.
　　Alors le Dieu qui préfide aux amans,
Me fit fi bien la naïve peinture
De ces tranfports & de ces mouvemens,
Que la tendreffe emprunte à la nature ;
Il détailla fi bien cette aventure,
Que, (pour s'enfuir fans doute il le faifoit,)
Que j'oubliai qu'il me la racontoit.
Moins recueilli je rouvris la paupiere,
Et le regard encore embarraffé,
Je ne vis plus qu'un éclat de lumiere,
Et plus d'amour ; il s'étoit éclipfé.
Je fuis heureux qu'il ne m'ait pas bleffé.

EPITRE

A MADEMOISELLE DE S.

Fille de M. D. S. & de M. L. N. le jour de sa naissance,

POUPON charmant qu'attendoit tout Cythere,
Par vos cris enfantins ne troublez pas mes chants,
N'ayez point peur, c'est moi qui chantai votre mere;
Et Pasteur du canton, dans trois lustres j'espere
  Célébrer aussi vos enfants.
  Occupé ce matin de vos jours innocents,
   De l'avenir j'ai pris le Telescope,
Et portant mes regards sur vos destins naissants,
   J'ai sçu tirer votre horoscope :
Je vois dans votre enfance, & larmes, & chagrins,
  Votre nourrice, ah ! la cruelle !
  Qui veut ôter de vos petites mains
Ce qui de vos beaux yeux peut blesser la prunelle.
  Ne pleurez plus, voici d'autres bijoux,
Un poupart, un tambour : ah ! prenez la sœur Claire;
Mais ne voilà-t-il pas votre mutin de frere
  Qui vient vous prendre vos joujoux ?
Rendez cela, Monsieur : il mord, il pince, il crie;
Ne sembleroit-il pas déjà dans ce moment,
Qu'il arrache aux efforts d'une troupe en furie

Le Drapeau de son régiment ?
C'est mon tambour, Mademoiselle.
Laissons-le là, c'est un mauvais.
Mais je vous vois grandir, ah ! que vous êtes belle !
Hé ! pourquoi s'étonner d'une telle nouvelle ?
Vous nous deviez tous ces attraits,
Nature en vous faisant avoit tant de modeles,
Et tante, & chere mere, & les grandes mamans ;
Elle n'eut pû former des traits moins séduisants
Sans des peines surnaturelles :
Quel est donc ce Milord si richement vêtu ?
Il s'élance hors de sa chaise,
Il entre en votre hôtel le jarret bien tendu.
C'est un Maître à Danser. Eh ! bien, j'en suis fort aise ;
Du petit instrument j'entends déjà le son.
Dans ce coin-ci, ne vous déplaise,
Je vais vous voir prendre leçon.
Approchez-vous, dit-il, & suivez bien mes traces,
Portez ainsi la tête, & déployez les bras,
Hé ! Monsieur, laissez-lui ses graces,
Et ne lui montrez que les pas.
Mais vos traits, votre taille, ont droit de me surprendre ;
A quinze ans que d'éclat ! quel air de majesté !
Que cela me rend vieux ! j'ai peine à le comprendre :
Douce & badine avec sévérité,
Ah ! que je plains tout Berger tendre !

E v

Qui féduit par l'attrait d'un fouris paffager ,
     A votre cœur voudra fe faire entendre,
Il vous aime , c'eft fait , il ne pourra changer.
Mais quel fracas ? L'Hymen & l'Amour en carroffe !
     C'eft chez vous qu'ils font arrêter ;
Quoi ! déjà dès feize ans il faut les contenter !
     Mais je ne fuis pas de la nôce ;
Heureux , encor heureux ! fi je puis la chanter.

F A B L E S.

LE SERIN ET LA SERINE.

AIMEZ-MOI, Serine charmante,
Laiſſez-vous entraîner aux douceurs de l'amour ;
Je languis près de vous ſans eſpoir de retour,
Et je ſoupire, hélas ! bien plus que je ne chante.
    C'étoit par ſemblables accens
    Qu'un jour certain Serin champêtre
    Exprimoit ſes tendres tourmens
    A Serine encagée au bord d'une fenêtre ;
    Qui ſans autre déguiſement
    Lui répondit tout en ſifflant :
    Pour moi votre ardeur eſt extrême,
    Vous êtes forcé d'y céder.
Vous m'aimez, dites-vous ? Si vous voulez que j'aime,
Il n'eſt qu'un ſeul moyen de me perſuader :
Laiſſez-là ces foréts, cet inconſtant feuillage
    Que les frimats vont bientôt moiſſonner :
Venez ſur ces bâtons dans ma riante cage
Reſſentir les plaiſirs que l'Amour ſçait donner.
    Cette demeure enchantereſſe

Vous fournira le manger , le coucher :
Vous joüirez de ma tendreſſe ;
Et ſi ce n’eſt l’attrait qui peut vous attacher ,
Bonne chere & joyeuſe vie
Plus que moi pourront vous tenter.
Pour s’attirer ici macarons , ſucrerie ,
Que faut-il faire ? il ne faut que chanter.
J’aime mieux , répondit notre Serin volage ,
Vivre ſans vous que ſans ma liberté.
Ma réponſe vous fait outrage ;
Mais dans nos bois l’on parle avec ſincérité :
Je préfere à l’appas d’une douce pâture
Le repas le plus incertain ,
Et j’aime mieux me voir , libre dans mon deſtin ,
Penſionnaire de la Nature ,
Que l’eſclave du genre humain.

Imitons cet oiſeau, l’Hymen eſt cette cage,
Où preſque tout mortel enrage d’être pris.
Préferons toujours prix pour prix
Une libre infortune au plus riche eſclavage.

L'ŒUF DE CHENILLE,
ET LA COQUE DE PAPILLON.

L'Œuf d'une future Chenille,
Et la coque d'un Papillon,
Tous deux de même famille,
Logeoient en même maison.

Un tronc d'arbre étoit l'asyle,
Où, dans la sécurité,
Ce couple toujours tranquille
Attendoit les jours d'Eté.

D'une liaison complette
Ils goûtoient tous les appas ;
Et leur union parfaite
Étoit comme on n'en voit pas.

Que je crains ton inconstance,
Disoit l'Œuf au Papillon !
L'Hiver fuit, l'Eté s'avance,
Et rompra notre union.

Non, lui répondoit la coque,
Ne crains point mon changement ;
Un pareil doute me choque,
Et blesse le sentiment.

Jusques aux chaleurs nouvelles
Il tint le même jargon ;
Mais plus riche de deux aîles,
Zeste, adieu le Papillon.

Dans un quatriéme étage,
Quel bon ami que Drusus ?
Du fond de son équipage,
Il ne me reconnoît plus.

LE CERF ET LE CHIEN.

Un Cerf en fon chemin fit rencontre d'un Chien
  D'une fi piteufe encolure,
  Que, vû l'état de fa trifte figure,
  Il l'aborda fans en redouter rien.
Où courez-vous, dit-il ? Je vais trouver mon maître,
Dit le Chien : fon logis eft à cent pas d'ici.
Chez moi, reprit le cerf, je m'en retourne auffi ;
Et j'y fuis fûrement autant qu'on le peut être.
Des chaffeurs, & de vous, la troupe fouvent traître
Ne peut en approcher ; car un marais profond,
De fes bords dangereux entoure ma maifon :
Hors ce petit fentier, dont vous voyez la route,
  Et dont nul que moi ne fe doute,
  Aucun ne fçauroit y mener.
  Adieu, mon cher, n'allez pas le prôner.
  Le Chien alors ne le dit à perfonne ;
Mais le lendemain même une meute gloutonne,
  Sur les pas du Chien confident,
  Et des Chaffeurs, pour comble d'accident,
Arrivent au fentier qui conduifoit au gîte.
On quête notre Cerf, qui foudain prend la fuite ;
Mais en vain : il périt dans ce même marais,

Et mourut, en pouſſant d'inutiles regrets.

Quelqu'un trahit-il nos ſecrets?
N'en accuſons que nous, la raiſon le décide ;
Car ce quelqu'un ne ſeroit pas perfide
Si nous n'étions pas indiſcrets.

GUILLOT ET LA CAGE.

MEs camarades ſçauront tout,
Et moi rien ! ma foi pour le coup
Je leur ferai bien voir, je l'ai mis dans ma tête,
Que leur cheval n'eſt qu'une bête.
C'eſt ainſi que Guillot raiſonnoit, en grondant,
Sous un orme loin du village.
Auſſitôt il trouve une cage
D'oſier, mais faite artiſtement,
Et poſée en ſecret ſous un pommier ſauvage.
Oh ! dit-il, l'ouvrage eſt parfait :
Et ſans barguigner davantage,
A tous ceux du hameau je dirai : je l'ai fait.
Je le peux : qui m'a vû ? Cet arbre eſt très-diſcret ;
Je ſuis ſeul : ce buiſſon, graces à ſon ombrage,
Eſt propre à cacher un ſecret.
Oh ! Meſſieurs de notre village !

Je ne ferai plus fot , car voici mon ouvrage.
    Il s'en retourne , en tenant ce propos.
      Il arrive. Bon jour Guillot :
    Qu'as-tu donc là ? Rien , ce n'eft qu'une cage
      Que je viens de faire à Margot.
Bon ! c'eft toi qui l'as faite ? Eh ! dis-moi , fans myftere,
    Comment fait-on ? J'en voudrois faire.
     Pour affembler tout cet ofier ,
Lui donner une forme , enfuite le ployer ;
    Par où s'y prendre , & de quelle maniere,
    S'il te plaît de m'en faire part ?
Je ne peux , dit Guillot , ma foi , te fatisfaire ;
    Car moi , là-bas fur la fougere ,
Ça m'eft venu tout feul , je l'ai fait par hazard.

En obfervant Guillot , je fonge
Que l'efprit malgré nous découvre fon défaut ,
Et que c'eft l'acheter beaucoup plus qu'il ne vaut ,
    Que d'y prétendre en faifant un menfonge.

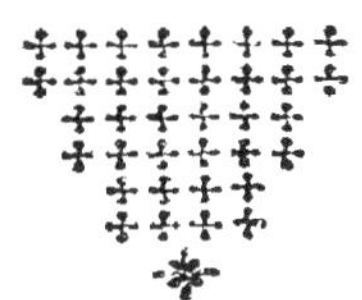

LE VOYAGEUR.

LEs mains dans son pourpoint & faisant le gros dos,
Un Voyageur marchoit dans un sombre passage :
Un caillou sous ses piés placé mal-à-propos,
    Le fit tomber à plat sur le visage.
    Lui se plaignant, quelqu'un lui dit :
Où donc étoient vos mains pour n'en point faire usage ?
    Je les avois dans mon habit.

A tout évenement préparer son esprit,
    Fut de tout tems le bouclier du Sage.

LE ROSSIGNOL. *

LE Rossignol chantoit au lever de l'aurore,
Les oiseaux en silence écoutoient ses accens.
    Zéphire agité par ses chants,
    S'en croyoit plus digne de Flore,
De dégrés en dégrés l'oiseau mélodieux
    Presse ses sons, anime son ramage,
    Il fait retentir le bocage
D'accens toujours plus vifs, plus doux, plus gracieux
    Et se tait. Alors l'alouette
Lui dit, nous t'écoutions, le prix du chant t'est dû ;
    Mais cruel, pourquoi chantes-tu
  Si peu de temps ? Dans les airs on regrette
Que tes plus longs concerts n'ont que quelques instans ;
Moi je chante, Dieu sçait, tant que le Printemps dure,
    On n'attend pas. Moi, j'attends la Nature,
Reprit le Rossignol ; ce n'est qu'à ses élans
    Que je dois mes foibles talens :
Sans elle je me tais, je ne suis rien sans elle.

Favoris des neuf Sœurs, imitez Philomele.

---

* Feu M. de Rivery a traité la même Fable ; je l'ignorois.

LE COQ ET LE RENARD.

Terrassé fous la dent d'un Renard affamé,
Un Coq fort humblement faifoit cette priere :
      Ah ! Seigneur , grace , grace entiere :
Qui pourroit contre moi vous avoir animé ?
Je ne fais que du bien : laborieux & fage ,
        Avant le lever du foleil
        J'appelle l'homme à fon ouvrage ,
        Et pour le tirer du fommeil ,
        Je vaux la cloche du village :
        Auffi fobre que vigilant ,
Je vis de quelques grains échappés fous la paille,
        Utile par plus d'un talent ,
        Je fuis pere de la Volaille
Que vous voyez d'ici , regardez fi je ments,
Ces poules , ces poulets ce font tous mes enfants.
Ah ! Seigneur , en faveur de ma progéniture....
Tais toi , dit le Renard , infâme , inceftueux ,
Je te pardonnerois fans cette flamme impure,
Qui jufqu'en tes ébats fait frémir la nature ,
Je n'ai foif de ton fang que pour venger les Dieux.

Qui dépeins-je en ces vers ? La nation bigotte,
        J'ai penfé dire la dévote.

L'AMOUR CONSOLÉ.
A Mr. L. M.
ALLÉGORIE.

L'Amour dormoit près de Chaulieu ;
Chaulieu s'approche, arrache de son aîle
Une plume brillante, & de couleur de feu,
Il écrivit depuis des vers digne du Dieu
    Qui lui fournit une plume si belle.
Légere par ce vol, l'aîle du Dieu badin
      Rendit l'autre aîle plus pesante,
      Et dans sa démarche plus lente,
    L'Amour souvent s'arrêtoit en chemin.

Tant que vécut l'auteur de ce coup inhumain ;
De ses plaintes l'Amour n'étourdit pas Cythere :
Plus riche par Chaulieu qu'appauvri du larcin,
    Il couvrit d'un profond mystere
Un vol qu'on n'eut pas sçu, sans certain tour divin
Que le fripon donnoit aux vers qu'il daignoit faire ;
Mais enfin il mourut, alors l'Amour piteux
Sentit sa double perte, & son désastre affreux ;
Il ne peut plus voler, il pleure, il se consume,
Il implore l'Olympe, & de l'avis des Dieux
I vous fait de l'autre aîle arracher une plume ;
Vous l'employez : il rit, & n'en vole que mieux.

M A D R I G A L.
A ISMENE,

En lui donnant une Bougie.

Vas , petite Bougie , éclairer ma Bergere :
Lorsqu'elle n'aura pas le secours de mon bras ,
  Prète lui ta foible lumiere ;
  Préserve-la de faire de faux pas ;
Je n'entends point de ceux que le cœur nous fait faire
Un cœur tel que le sien ne les redoute guere ,
  Et le flambeau de la Raison ,
Qui marchant devant elle incessamment l'éclaire
  Te donnera la premiere leçon
   Pour bien faire ton ministere.
Que tes feux , s'il se peut , égalent ses vertus.
   Si ta cire avoit un langage ,
Je te dirois : Peins-lui l'amitié qui m'engage :
Mais mesure tes mots , ne lui dis rien de plus.
Eh ! que me serviroit d'en dire davantage ?

L'ORIGINE DU CELERI.

A MADAME F.

Panché négligemment fur le fein de Vénus,
Et les regards encor pleins d'une douce ivreffe,
Adonis ne reffentoit plus
Qu'un defir vif d'exprimer fa tendreffe.
Amour ! Amour ! s'écria la Déeffe,
Lance fur nous de nouveaux traits,
D'Adonis ranime les flammes,
Et que nos ames
Eprouvent encor tes bienfaits.
L'enfant fourit, & du haut d'un nuage
Où des Ris la troupe volage
Badinoit avec les Zéphirs,
Il lance un trait, un trait fait pour mille plaifirs.
Mais dans l'inftant une Colombe
Qui pourfuivoit un Roffignol,
Du bout de l'aîle, dans fon vol,
Frappe ce trait, qui fe détourne, & tombe
Au pied du thrône de gazon
Où Vénus oublioit la célefte maifon.

Déja préparé par les larmes
D'Adonis, de Vénus divin épanchement,

Ce gazon treſſaillit , il reſſentit des charmes.
(Tel frémit un beau ſein ſous la main d'un amant.)
Il entoure , il retient cette fleche amoureuſe,
Il raſſemble ſes ſucs , ſes germes . & ſes feux,
Il les pouſſe , il les preſſe , il forme mille nœuds.
O prodige étonnant ! ô terre trop heureuſe !
　　　　L'acier du trait s'émouſſe , s'amollit,
　　　　Il perd de ſa forme aſſaſſine ,
Sa pointe en s'allongeant ſe réſout en racine ,
Son bois en longs canaux ſe creuſe & s'embellit;
　　　　Ses plumes , jadis ſi brillantes ,
　　　　Deviennent feuilles verdoyantes ,
　　　　Et ſous des contours plus divers ,
　　　　Déſirent encore les airs.

　　　　Du Celeri telle fut la naiſſance.
　　　　M'obligeriez-vous de chercher
　　　　Des preuves de ce que j'avance ?
Sans l'éguiſer en pointe , on ne peut l'éplucher,
　　　　Eh ! n'a-t-il pas dans ſon eſſence ,
Du trait qui l'a produit , la vertu, le pouvoir ?
Mais vos yeux en ont plus ; il ne faut que les voir.

INKLE

INKLE ET IARICO. *

IL est certains tableaux qu'il suffit de montrer,
Il est de certains faits qu'il suffit de narrer ;
Le sentiment qu'alors notre ame éprouve
D'admiration, de terreur,
De mépris, d'amour, ou d'horreur,
Ce sentiment mieux qu'un long discours prouve
Que sans nos passions qui servent de lien,
Notre ame sans effort se porte vers le bien,
Vers la bonté, la bienfaisance,
Vers la tendresse, & la reconnoissance :
Ce récit pour ma preuve est un second moyen.

Ings, (d'autres disent INKLE,) il n'importe à l'affaire,
Ings, jeune Anglois actif, interressé, prudent,
Etoit en tout fait pour être marchand.
Las de tromper sous les yeux de son pere,
Il quitte un jour & Londre & l'Angleterre,
Et s'embarque : déjà son vaisseau part & fuit ;
Il perd déja de vue & le port & la terre ;
Déjà sur le tillac il compte le produit
De sa pacotille légere.

* J'ignorois que feu M. de Rivery dont les ouvrages méritent d'être connus, avoit traité le même sujet, je serois
porté à croire qu'il a mieux fait que moi ; mais c'est au Lecteur à décider.

Si j'en crois, difoit-il, nos gens & leurs difcours,
Que le vent donne, au plus tard dans dix jours
Nous touchons les côtes d'Afrique ;
J'y vends, j'échange tout, & zefte, en Amerique
Mes Negres une fois vendus
Je me trouve cent mille écus.
Le profit n'eft pas fort honnête :
Mais enfin .... mais enfin furvient une tempête
Horrible, affreufe : imaginez les cris,
Le défefpoir, les vœux, la terreur, les ravages,
Le matelot tremblant, marchant fur les débris
Des voiles & des mâts couchés fur les cordages.
Percé, rompu, brifé, par un écueil furpris,
Le vaiffeau touche ; il fond ; il périt ; l'équipage
Se fauve en partie à la nâge ;
Inès auffi, fon journal & fa bourfe à la main :
Mais fur le plus prochain rivage
Ils étoient attendus par un fort inhumain.

Sur la côte un peuple barbare,
Un peuple chez lequel nous avons tranfporté
Plus d'une connoiffance rare,
Et mille erreurs pour une vérité,
L'amour du luxe & de la nouveauté,
Une confcience facile,
Le menfonge, la cruauté,
Et l'avarice, & l'Evangile :

Ce peuple, à notre exemple, en cruautés fertile,
Attend nos gens, les tue. Ings arrivé plus tard,
Dans un bois se jette à l'écart :
Mais & son journal & sa bourse
Étoient une pauvre ressource
Contre les animaux, les hommes & la faim.
Il périt, il languit, il seche, il tombe enfin
Près d'une source, au pied de l'arbre
Qui nous rapporte le coco.
Il étoit froid comme du marbre,
Lorsqu'en ces lieux survient Iarico ;
Iarico, c'est le nom d'une fille,
Jeune, à quinze ans, on doit être gentille
En tout pays ; elle voit Ings mourant :
Une tendre pitié dans ses regards pétille,
Elle colle son sein sur son sein expirant,
Le réchauffe, l'anime. Elle va, court, apporte
Quelque peu d'une liqueur forte,
Le rappelle à la vie, & lui pressant les mains,
Pleure de joie, en voyant sa paupiere
Se relever vers la lumiere.

Ce n'étoit pas assez pour sauver ses destins,
Dans les flancs d'un rocher, asyle solitaire,
Elle cache Ings ; & là, toute entiere à ses soins,
Elle vole au-devant de ses moindres besoins.

F ij

De branches d'arbres, de plumages,
Et de fleurs, & de coquillages,
Elle enjolive son séjour :
Il l'étoit déjà par l'Amour.
Le cœur d'Inos ressent la tendresse ;
Il rend carresse pour carresse.
Le plus vif, le plus beau lien
Unit l'amant & la maitresse ;
Elle le pare de sa main,
Le fait sommeiller sur son sein.
Soigneuse, pressante, ou timide,
L'Amour en tout, l'Amour la guide.
Avec plus d'art & maint défaut,
La trop voluptueuse Armide
N'en fit pas plus pour son Renaud.

Le même sentiment qui créa le langage
     Fit apprendre à notre Sauvage
Des mots Européens, à des signes unis.
Ils pouvoient se parler, s'entendre, se répondre :
     Ah ! disoit Inos, ah ! que ne suis-je à Londre !
Ma chere Iarico d'étoffes d'un grand prix
     Seroit vêtue, & dans un char superbe,
Dans des palais dorés, dans de vastes logis,
     Je la promenerois : que de bijoux exquis !
Tout est si beau chez nous ! tout, même jusqu'à l'herbe,
     Est admirable en mon pays.

Ings, te plairois-je davantage ?
Disoit Iarico.... Sans doute.... Eh ! bien, partons,
Si jamais un vaisseau paroît dans ces cantons,
J'y vais veiller sur cette plage.

Dès-lors à chaque instant ses regards s'étendoient
Sur le vaste horizon de la liquide plaine,
Et dans le ciel ses regards se perdoient.
La nuit n'apportoit point de repos à sa peine,
Le point du jour, lançant ses premiers traits,
Trouvoit Iarico veillant avec constance.
Il éclairoit sa vigilance,
Mais ne la devançoit jamais.
Un jour, ô Ciel ! grands Dieux ! cher amant ! elle
approche.
Une voile, une voile.... Accours sur cette roche.
C'en étoit une, Ings fait quelques signaux ;
On y répond par des signes nouveaux.
Le vaisseau retarde sa course.
Ings aussitôt saisit son journal & sa bourse,
Il se jette à la nâge ; Iarico devant
Nâgeoit, & revenoit pour aider son amant.
Eux recueillis, le vaisseau suit sa route,
Il cingle en Amerique, arrive à Mexico,
Ings disoit en rêvant : voyons ce qu'il m'en coute,
Que fais-je en ces climats avec Iarico ?
Rien : à tous mes profits je mettrai donc zero,

F iij

J'aurai donc essuyé les peines du voyage,
  Et tous les périls du naufrage
  Pour le plaisir d'avoir fait le chemin,
Et chez moi je retourne, enfin, la bourse vuide.
Ne pourrois-je ? .... Mais non .... il seroit trop perfide ;
Perfide ; .... eh ! pourquoi donc ? Un tendron Africain
  Est trop heureux, lorsqu'un Européen,
  Anglois encor, veut bien descendre
  Aux bontés de paroître tendre.
On se prend, on se quitte, & sans nulles façons.
Des réflexions d'Ings, c'étoit-là le prélude.
  L'amour-propre & l'ingratitude
  N'ont jamais manqué de raisons.
  Lecteur, portes-tu tes soupçons
Sur ce qu'il fit : il vend Iarico, la livre.
Le marchand aussitôt veut la forcer de suivre ;
  Elle résiste : Ings lui dicte son sort.
Elle baise ses pieds, lui demande la mort ;
  Ou plutôt prête-moi tes armes....
  Elle ajoute en fondant en larmes :
Ings, je ne te dis pas quelle eût été ta fin,
Si.... Mais cruel, mais moi qui porte dans mon sein
Un fruit de ta tendresse, une part de ton ame.
Vous l'entendez, marchand, reprit le barbare Ings ;
  C'est encor trois livres sterlings
  Qu'il faut de plus pour cette femme.

PETIT CONTE

Fait pour être récité par S. alors très-petite Fille.

BOBINE sortant du logis
Dit à deux enfans tout petits,
Ecoutez-moi bien , Bobinette,
Bobinette étoit sa fillette ,
Vous aussi , mon fils Bobinet ,
Ne mangez pas mon raisinet ; *
Voyez-vous bien cette bouteille
Dont la liqueur est si vermeille ;
C'est du poison qui fait mourir ,
N'y touchez pas , je vais venir,

    Sitôt que la mere est partie ,
Bobinette quoiqu'avertie ,
Court au pot, mange sans tarder
Le raisinet qu'il faut garder ,
Et tout en l'appellant gourmande
Son petit frere vient l'aider.
Mon Dieu, qu'une fille est friande !
On sent bien quand on a mal fait ;

* On écrit Raisiné ; mais j'ai mis le mot comme on le pro-
nonce.

Après la faute le regret.
Ah ! mon Dieu, dirent-ils ensemble,
Maman va revenir, je tremble ;
C'est vous, mon frere, hé ! non, c'est vous ?
Mais, ma sœur, empoisonnons-nous,
En buvant de cette bouteille
Dont la liqueur est si vermeille :
On ne nous battra pas tous deux,
Nous serons morts ; ils la vuiderent ;
C'étoit du vin, ils se griserent,
Et tout tournoit à l'entour d'eux,
Puisqu'ils étoient tombés par terre.
　　Aussi-tôt arrive la mere,
Bobinette, & vous Bobinet
Qu'est devenu mon raisinet ?
Il est mangé. Ha ! sainte Vierge,
Il est mangé ! vîte une verge.
Ah ! Maman, ah ! Maman, pardon ;
Nous avons bû tout le poison,
Nous allons mourir tout à l'heure.

　　Cela fait bien voir aux parents
Que quand on quitte sa demeure
On doit emmener ses enfans.

A FEMME JALOUSE TÊTE DE BOIS.

A IRIS.

Sur des soupçons d'une intrigue légere,
Contre Jupin, Junon fort en colere,
Par mille cris sa fureur exhala.
    Si mainte femme est pire que Diablesse,
Imaginez le train d'une Déesse :
Homere eût dit que le Ciel en trembla.
    Oui, crioit-elle, il faut que je le quitte,
Quittez, lui dit un des gens de sa suite,
Vous le pouvez, & sans le prévenir ;
Il est tout prêt, car même il fait venir
Une autre femme : on dit qu'elle est en route
Une autre femme ! ah ! je la vois sans doute,
S'écria-t-elle ; ô le perfide époux !
    Elle voyoit quelque chose voilée
Qui s'avançoit au lieu de l'assemblée,
Elle y courut aveugle de courroux,
Rapidement la saisit par la nuque,
La détignone, en l'accablant de coups,
Regarde, & voit une tête à perruque,
Et faute encor ! mon Eustache Dubois
Eût mieux taillé cette tête de bois.

F v

A cet afpect Junon , dite Lucine ,
Pâlit , frémit , fe repentit , & dit :
    Que du courroux l'imprudence eft voifine !
Les noirs brouillards qu'éleve le dépit,
Changent l'objet que le foupçon devine.

    Depuis ce temps la Déeffe examine ,
Sans fe livrer à fa vivacité.
Sans doute , Iris , que la raifon divine ,
De plus que nous , a la ftabilité.

LA ROSE.

Jadis la reine des fleurs
Du lys portoit la parure,
Et des mains de la Nature
Sortoit sans nulles couleurs.

Ses nuances diaprées
Par des teintes de carmin,
N'avoient alors pour livrées
Que la blancheur du jasmin.

Son sein, sa tige divine
Avoit les mêmes parfums,
Même feuille ; & même épine
Écartoit les importuns.

L'Amour qui souvent butine
La fleur prête à s'embellir,
Vole près d'elle, badine
Et s'empresse à la cueillir.

F vj

Mais une Epine traitreſſe ,
De ſon dard vif & perçant,
Pique le doigt qui la preſſe ,
Et l'Amour verſe du ſang,

Une goutte précieuſe
Imbibant plis & replis ,
Teignit de ſon coloris
Cette roſe trop heureuſe.

Depuis qu'Amour fut bleſſé ,
A chaque bouton qu'il cueille,
Il retrouve dans la feuille
Le beau ſang qu'il a verſé.

O D E

SUR LE BONHEUR.

LOIN d'ici, troupes menſongeres
De raiſonnemens captieux,
Jamais vos bluettes légeres
Ne pourront éblouir mes yeux?
Ambition, frêle eſpérance,
Fortune, deſirs, faux honneur;
Non, vous n'avez que l'apparence,
Et l'écorce du vrai bonheur.

Je vois la Déeſſe fantaſque
Qu'encenſe l'avide mortel :
Le Crime, caché ſous le maſque,
Eſt toujours près de ſon autel.
A ſes genoux l'Interêt guide
L'eſclave à ſes ordres ſoumis :
Mais toujours la Crainte intimide
Ses pas par l'eſpoir affermis.

J'apperçois ſur ſon front cauſtique
Les tourmens de l'ambitieux :

Je vois la sourde Politique
Couvrir ses projets fastueux.
Des soins dont l'avenir l'embrâse
Son cœur est toujours déchiré ;
Il respire sur le Caucâse,
Il vit pour être dévoré.

En vain il cache l'esclavage,
Ses peines, ses tourmens divers ;
Le tranquille regard du Sage
Sous la pourpre apperçoit les fers :
Pour lui, la Fortune légere
En vain le flatte, le prévient :
Il ne veut devoir à la terre
Que le limon qui l'y retient.

Mais il ne suit point ce Mystique,
Qui toujours l'esprit dans les Cieux,
Dans son extase fanatique
Immole les mortels aux Dieux :
Qui nous plaint, de ce que nous sommes ;
Qui frémit de s'humanifer ;
Et croit favorifer les hommes,
S'il ne fait que les meprifer.

Ce brouillard que la terre exhale
Sur les aîles des Aquilons,
S'éleve, se rassemble, étale
L'espérance de nos vallons :
Il monte pour rendre fertiles
Nos fleurs, nos arbres, nos guérets,
Et descendre en larmes utiles
Sur Flore, Pomone, & Cérès.

Telle en son précieux délire
Notre ame ne doit s'élancer
Aux portes du céleste empire,
Qu'afin de sçavoir s'abaisser :
Les faveurs que le Ciel sans cesse
Verse sur elle à pleines mains,
Disent : Imitez la tendresse
De Jupiter pour les humains.

Du vrai bonheur le Ciel lui-même
Donne les premieres leçons :
La volupté, le bien suprême
Est dans celui que nous faisons.
Qu'on nous aime, ou qu'on nous abhorre,
Faisons-le, & ne calculons pas ;
C'est ressembler au Ciel encore
Que de rencontrer des ingrats.

S T A N C E S.

A. M. S. A.

Pour le prier de faire mon Porrtait.

QUAND voulez-vous que ma figure
Aille droite comme un piquet
Se planter en belle posture
Auprès de votre chevalet ?
Mon minois, que par conjecture
J'estime moi-même assez laid ,
Veut une fois être parfait ,
Et gagner , par votre peinture,
Le gracieux que la Nature
Jadis lui refusa tout net.

Qu'un objet hideux , fantastique,
Ou quelque monstre des enfers ,
Sur une toile allégorique ,
Soit mis sçavamment dans les fers ;
Ou qu'une toile pathétique

Exprime une fcene tragique
D'horreurs, de fureurs, de combats :
L'œil enchanté de ce délire,
Même en frémiffant, les admire ;
Eh ! pourquoi ne plairois-je pas ?

Aux éloges que votre ouvrage
Sans doute fçaura mériter,
Je fens au feu de mon vifage
Qu'il eft prêt à s'en irriter.
Quoi ! dira-t-il, quoi ! mon image
A plus d'éloge, de fuffrage
Que n'en ont jamais eu mes traits !
Meffieurs, votre erreur eft extrème :
Ce moi-là, ce n'eft pas moi-même,
Ce ne font-là que mes portraits.

Allons, oubliez cet outrage :
Mon vifage, plus de courroux ;
Subiffez le trifte avantage
De vous voir loüé plus que vous.
Que de mortels qu'en tous les âges
L'Hiftoire a mis au rang des Sages,
Des Vaillans, des Héros, des Dieux,

Grace à leurs Peintres, leurs Homeres,
Qui ne feroient que des chimeres,
S'ils étoient plus près de nos yeux !

Je crois déjà voir un Critique
Trop satisfait de ce tableau,
Se venger fur mon air étique
De la fageffe du pinceau.
Je l'entends déjà qui s'explique ;
Et qui dit d'un ton véridique,
Plus fçavant que le Titien :
Ce Peintre-ci fçait bien fon thême ;
Car femblable à l'Etre fuprême ;
Il fait quelque chofe de rien.

A Mr. LE KAIN,

Acteur de la Comédie Françoise, & repréſentant
Oroſmane dans Zaïre.

Est-ce le Kain, Est-ce Oroſmane ?
Qui, terrible dans ſes malheurs,
Soumet la fierté Muſulmane
Aux genoux de Zaïre en pleurs,

Le Kain, quelle vive peinture ?
Jaloux, tendre, ou cruel amant,
Ce n'eſt qu'au coin de la nature
Que tu frappes le ſentiment,

Dans tes mouvemens, que de charmes !
Que d'art s'y montre en ſe cachant !
Mes yeux ont pleuré de tes larmes,
J'étois Zaïre en t'écoutant.

Le Ciel ne te fit point injure
En te refuſant des appas :
Ton ame paye avec uſure
Pour la beauté que tu n'as pas.

La Cabale en vain t'environne,
La Critique en vain l'enhardit ;
Le Public entier te couronne,
Et la Vérité l'applaudit.

A MADAME L. C.

JE crois qu'un cœur tendre, sensible,
Est un heureux présent du Ciel ;
Mais que ce don, souvent nuisible,
Sur nos instans verse de fiel !

O vous que la Nature appelle
Au rang que tiennent les humains ;
Si vous naissez tendre & fidelle,
Sexe aimable, que je vous plains !

Je vois votre enfance occupée
Moins de plaisirs que de douleurs ;
Le bobo de votre poupée
Déjà vous arrache des pleurs.

Si-tôt que l'auftere raifon
Orne vos graces enfantines,
C'eft une rofe en fa faifon
Qui s'annonce par des épines.

Déjà par d'invincibles foix
Votre cœur fe forge des chaînes ;
Une compagne à votre choix
Sçait, partage, & calme vos peines.

Vous n'héfitez point d'avouer,
Pour elle, ardeur, inquiétude ;
Cette amitié n'eft qu'un prélude
Que la Nature fait jouer.

L'amant paroît : fageffe auftere,
Vous combattez ; foins fuperflus !
Pour le Dieu qui regne à Cythere,
Ce n'eft qu'un triomphe de plus.

Amante, tout vous fert d'allarmes ;
Je vous vois languir & fecher :
Vous joignez aux craintes, aux larmes,
La contrainte de les cacher.

Epouſe, vous êtes contente
D'aimer ſous les loix de l'honneur ;
Mais l'Amour même vous tourmente
Juſques dans le ſein du bonheur.

Mon époux ſeroit-il volage ?
Sa ſanté, ſa mort .... vous pleurez ;
Vos yeux fixés ſur ſon viſage
Conſultent ſi vous dormirez.

Mere enfin.... Mais je déſeſpere
De mettre un tel cœur dans ſon jour ;
On ſçait que celui d'une mere
Eſt le chef-d'œuvre de l'Amour.

A THEMIRE.

POURQUOI cette main perfide,
De la pudeur qui la guide,
Suit-elle le mouvement ?
Livre plutôt, ma Bergere,
Tous les thréfors de Cythere
Aux regards de ton amant.

Que je voie, que je touche,
Abandonne cette bouche
A mes tranfports renaiffans.
Que d'appas, ô ma Themire !
Pour les beautés que j'admire,
Eft-ce affez de tous mes fens ?

Ta Vénus, ô Praxitelle,
Sous ton cifeau trouva-t-elle
Tant de charmes, de beautés ?
Ma main feroit plus fidelle :
Je vois l'unique modele
Fait pous les Divinités.

Soupirs, accens, baiser tendre,
Helas ! vous ne pouvez rendre
Ce que j'éprouve à la fois :
Et mon avide prunelle
Même aux lieux peu faits pour elle,
Est jalouse de mes doigts.

Mais, Dieux ! j'apperçois des larmes
Quelles seroient les allarmes
Qui viennent te tourmenter ?
Si mon peu d'ardeur te blesse,
Si tu pleures ma foiblesse,
Un regard peut me l'ôter.

Ta vertu vient-elle encore
Nuire au feu qui me dévore ?
Pourquoi cacher ces beaux yeux ?
Que leur éclat dans mon ame
Reporte plutôt la flamme
Qui nous rend égaux aux Dieux.

Mais une vive lumiere
Perce à travers ta paupiere :

Mes

Mes yeux en font éblouis.
O vous, Rois, maîtres du Monde,
Quoiqu'à vos vœux tout réponde;
Enviez-moi, je joüis.

STANCES CONTRE L'AMOUR.

JOYEUX auteur de tous mes maux,
De ma raison fougueux antagoniste,
M'es-tu donné pour troubler mon repos?
Est-il quelqu'un qui te résiste ?

Source éternelle de débats
Entre l'esprit & la nature,
En vain contre toi je combats;
Ta victoire n'est pas moins fûre.

Sous l'Egide de la raison,
Enveloppé de la fagesse,
Je me crois fort; vois-je un tendron :
Ma vertu n'est plus que foiblesse.

G

L'esprit plus foible que le corps,
Dans sa complaisance assassine,
Laisse alors agir les ressorts,
Ne pouvant régir la machine.

Tel que de foibles matelots,
Qu'une affreuse tempête étonne,
Laissent voguer au gré des flots
L'esquif que leur art abandonne.

De même, au gré de mes desirs,
L'esprit se prête à ma foiblesse ;
Heureux ! si par les repentirs
Il regagne enfin la sagesse.

LE VAUDEVILLE,

POEME DIDACTIQUE, EN QUATRE CHANTS.

Le François, né malin, forma le Vaudeville.
BOILEAU, *Art Poëtique.*

A

MONSIEUR

LE CONTE,

ANCIEN LIEUTENANT CRIMINEL.

ONSIEUR.

J'AI, pendant deux années, employé à ce
petit Ouvrage le peu d'instans que m'ont laissé
des occupations tout-à-fait différentes. Le soin

que j'y ai mis, me donne la hardieſſe de vous le préſenter. L'accueil carreſſant que j'ai reçu de vous, la confiance qui l'a ſuivi, & l'amitié dont enſuite vous m'avez honoré, me font déſirer de juſtifier votre choix, même aux yeux de ceux qui ne jugent des hommes que par des qualités étrangeres au cœur. Si j'ai le malheur d'avoir manqué mon but, vous me ſçaurez au moins gré de l'intention, & j'aurai ſaiſi avec plaiſir cet inſtant, pour prendre le Public à témoin de la plus vive reconnoiſſance ; mais parlons plutôt comme vous le deſirez, de la tendre & ſincere amitié avec laquelle je ſerai toute ma vie,

MONSIEUR,

Votre très-humble & très-obéïſſant
ſerviteur SEDAINE.

LE VAUDEVILLE,

POEME

DIDACTIQUE.

PREMIER CHANT.

Introduction. Origine du Chant. Origine du Vaudeville.
Division des Chants.

JE veux chanter l'art de faire un Couplet,
Art néceſſaire aux galans de la ville ;
Je veux chercher comment un Vaudeville
Peut acquérir la tournure qui plaît.
   Muſe, laiſſons cette ſcene tragique,
Où, contraſtant le vice & la vertu,
Nous aurions vu l'auditeur léthargique
Dormir au bruit d'un propos rebattu.
Ne penſe pas que ma main t'aviliſſe,
En te pouſſant dans une moindre lice :

G iv

Petit sujet, traité comme il le faut,
Fait bien souvent plus d'honneur qu'il ne vaut.
Non, que bercé d'une espérance vaine,
Je croie atteindre au but où je prétends :
Tu le sçais trop, mon impuissante veine
N'a point encor vu mes desirs contens.
     Oui, c'est du Ciel que nous vint l'art magique
Qui joint les Vers à la docte Musique :
Oui, c'est le Ciel, qui touché des malheurs
Que la raison avec peine surmonte,
Nous inspira cette ressource prompte,
Pour adoucir le poids de ses rigueurs.
Faut-il passer sur la rive infernale,
Interroger Ixion * & Tantale *,
Leur demander si des sons & des mots
Ont le pouvoir de suspendre nos maux ;
Si l'art du chant, si cet homme * celebre,
Qui descendit des rivages de l'Ebre *
Dans les Enfers, en dissipa l'horreur ;
S'il triompha de la vive douleur
Et des tourmens des pâles Danaïdes, *
Et des fureurs des fieres Euménides ; *
Et si, vainqueur pour la premiere fois,
Un son touchant sçut imposer des loix
Au cœur d'acier du Monarque terrible,

Ces asteriques * renvoyent à des notes mises à la fin de ce
Poëme ; mais elles ne font utiles qu'au lecteur qui n'a nulle
connoissance de la Fable.

Tout étonné de se trouver sensible,
Et frémissant de renvoyer au jour
Un jeune objet réclamé par l'Amour?
   Non, non, laissons l'écho du mont Riphée
Se plaindre encor de la perte d'Orphée:
Abandonnons des récits trop fameux:
Un tableau vrai se déploie à mes yeux.
Du haut d'un mât observant les étoiles,
Battu des vents qui tourmentent les voiles,
Un matelot dans les airs suspendu
Chante un refrain de lui seul entendu;
Et de cet antre où la main de l'avare,
Va puiser l'or, ce présent des Enfers,
Souvent il sort une chanson barbare,
Que heurle un homme haletant dans les fers.
   Muse, dis-moi comment cet art sublime
Se répandit chez les tristes humains;
Par quels dégrés, s'élevant à sa cime,
D'un nouveau genre il accrut ses destins.
Viens avec moi, viens fouiller dans l'espace
Que parcourut l'âge de l'Univers;
Légerement repassons sur la trace
De l'art du chant joint à celui des vers.

   LORS qu'echappé des mains de la Nature,
Le genre humain couroit à la pâture,
Et que, pourvu de griffes & de dents,
Il dévoroit avec des yeux ardens

Ce que le sein de la terre fertile
Offroit au goût de son palais facile ;
Dans les vallons, dans les prés, dans les bois,
Des heurlemens lui tenoient lieu de voix ;
Nul chant alors : mais le Dieu de notre ame,
L'Amour parut : amolli par sa flamme,
L'homme frémit, s'échauffa, ressentit
Les mouvemens d'un plus doux appétit.
Pour plaire alors à sa tendre femelle,
Il imita les sons de Philoméle ;
Et la femelle, en ses jeux carressans,
Lui répondoit par de tendres accens.

   Sous un berceau, palais de l'innocence,
La femme un jour étonna son époux
Par le présent d'un fils, dont la naissance
Lui fit sentir ce bien, ce bien si doux,
De respirer dans un autre que nous.
Au premier pas qu'il fait dans la carriere,
Le nouveau né s'énonce par des cris,
(Cris de douleur que connoissoit la mere :)
Pour appaiser cette tristesse amere,
Qui se peignoit dans ses yeux attendris,
La mere affecte & des chants & des ris.
Je crois la voir au bord d'une fontaine,
Pour amuser ses regards vacillans,
Faire mouvoir une branche prochaine,
Simple hocher, que fournissoit sans peine
Le premier chêne où pendoient quelques glands.

Mais loin déjà de sa foible origine ,
Le genre humain déserte les forêts :
Chaque famille en la plaine voisine ,
Met à profit les conseils de Cerès :
Pour conserver le fruit de ses guérets ,
L'industrieux bâtit quelques cabanes ,
D'arbres coupés , & plantés sans apprêts .
Toîts mal couverts de pailles ou de cannes ,
Que fournissoient les champs ou les marais.

Par les bergers , quelques pipeaux rustiques ,
Quelques roseaux l'un dans l'autre enchâssés ,
Reçoivent l'air : les Zéphires pressés
Lancent des sons alors peu méthodiques :
Mais cependant le bœuf aux pas pesans ,
La chevre alerte , & la brebis , fideles ,
Viennent au bruit des champêtres accens ,
Trouver le soir les huttes paternelles ;
Tandis qu'au loin les tendres jouvencelles ,
Sans le secours du rustique pipeau ,
Par l'air connu de leurs chansons nouvelles ,
De leur côté font rentrer le troupeau.
Le Chant d'abord devint une ressource ,
Pour rappeller le bétail écarté.
A tous les arts je vois la même source ,
Le dur conseil de la nécessité.

Près des sillons que la sage industrie
Avoit fouillés pour son utilité ,

G vj

On vit errer le Démon de l'Envie.
Cependant l'homme en sa perversité,
Étoit moins sot qu'en ce siecle vanté :
Ce n'étoit point la faveur d'un autre homme,
L'heur d'etre esclave, ou le droit de ramper,
Qu'il envioit ; mais un fruit, une pomme,
Qu'il eût voulu sur un autre usurper.
Pour se sauver de l'attentat funeste
Que le méchant médite dans son sein,
L'industrieux, pour sa famille agreste,
Bâtit des murs, & rassemble l'essain.
Tranquille alors, à couvert du larcin,
Dans ses travaux l'homme à l'homme révele
Les sentimens qu'en son ame il recele.
De-là les arts l'un par l'autre indiqués :
Tels deux cailloux, par leurs angles choqués,
Font dans les airs pétiller l'étincelle.

Ce composé de desirs, & d'espoir,
Cet être ardent qui cherche à tout sçavoir,
L'esprit humain, enfin étend sa vue,
Veut tout tâter, tout consulter, tout voir ;
Et fier du soc qu'il mit à la charrue,
Son œil hardi déja perce la nue.
L'ame attentive, interrogeant les sens,
Il soumet tout à ses calculs pressans :
Au soc, dit-il, je peux joindre la herse ;

Par ces fumiers rendre un terrein plus gras;
Par ce levier, qu'un point d'appui traverse,
Je puis tripler la force de mon bras.
En captivant la fureur de ces ondes,
En resserrant leurs courses vagabondes,
En les preffant dans des canaux étroits,
A des refforts je peux donner un poids
Immenfe. Enfin, pourfuivant fon ouvrage,
Il chaffe, il guide, il pouffe, il ralentit:
Sous les marteaux l'enclume retentit
A quatre temps: dans l'oreille du Sage,
Ce fon fubit éveille la raifon,
Qui fur le champ tranfmet à fon ufage
Le rapport jufte & du temps & du fon.
De-là, dit-on, naquirent ces merveilles
Dont la Mufique enchanta nos oreilles.
De même un gland, par le hafard jetté
Au fein heureux d'une terre féconde,
Étend au loin fa racine profonde,
Et tout à coup jufques au Ciel monté,
Sçait embellir un rivage écarté.

Habile alors à groffir fes domaines
Par le reffort des paffions humaines,
Le Prêtre fourbe aux fauffes Déités
Chanta des vers & des hymnes notés.
Il fçavoit bien qu'en appuyant un culte
Sur un plaifir ou quelque paffion,

Le genre humain se rendroit en tumulte
Au but marqué par son ambition.
Ainsi le Dieu qui préside aux vendanges
Vit sur l'autel à son nom consacré
Tomber un bouc de guirlandes paré ;
Et tout le peuple entonner des louanges
Que terminoit un festin préparé.
L'aspect brillant d'une récolte heureuse,
Des mets sans art, l'appétit, la santé,
Le plaisir pur qui fait l'égalité,
Et plus encor cette liqueur fumeuse
Qui fait du cœur jaillir la vérité,
Dans tous les rangs de la troupe joyeuse
Portoient les ris, les jeux & la gaîté.
Au milieu d'eux, l'impétueux Silene,
Yvre d'amour, d'allegresse & de vin,
La main au pot, chante à perte d'haleine
Des airs sans suite, & des couplets sans fin.
Ses compagnons, d'une voix énergique,
Grossierement détonnoient le refrain,
Et répondoient à son Ode Bacchique.

   Si l'art du Chant n'avoit point existé,
Dans ces festins on l'auroit inventé.
En quelque instant que les cœurs se parlerent,
Les mots, les sons d'eux-mêmes s'accouplerent
Dans un vallon, ainsi de clairs ruisseaux
Suivent leur pente, en unissant leurs eaux.

Mais l'Abondance affise fur des gerbes ,
A fes côtés foufrant l'oifiveté ,
Rendit les cœurs durs , farouches , fuperbes ,
Et porta coup à leur tranquillité.
Moins fort de droits qu'enflé de vanité ,
L'homme opulent voulut juger fon frere ,
Et d'un faux rang fottement entêté ,
Il prétendit dominer fans rien faire.
Auffitôt Mars , au regard menaçant ,
Fit de fes cris retentir les montagnes ;
On vit alors couler des flots de fang :
Bellone en feu dévora les campagnes.
A cet afpect l'époufe gémiffoit :
Et s'enfuyant vers fes triftes murailles ,
La tendre mere , en palpitant preffoit *
Contre fon fein le fruit de fes entrailles.

Mais dans l'ardeur de ces fougueux combats
(Subit effet d'un prompte vengeance ,)
Du premier fer chacun armoit fon bras ;
Et dans l'attaque ou dans la réfiftance ,
Nulle méthode : alors on n'avoit pas
L'art malheureux de lancer le trépas ,
Et d'égorger à cent pas de diftance.

Les premiers feux dans le fang s'éteignoient ;
Et fans fonger à garder les conquêtes ,
Les laboureurs dans leurs champs revenoient ,
Et leur retour fe marquoit par des fêtes.

Les Citoyens au-devant d'eux couroient,
Légerement du pied frappant la terre :
La tendre épouse, & la jeune bergere
Cherchoient des yeux, & dans leurs bras ser-
    roient
L'objet chéri d'une flamme sincere ;
Et cependant l'Armée à haute voix,
Déjà sensible à ce genre de gloire,
Chantoit en chœur, sur des airs de victoire,
Le Général porté sur son pavois. *
Alors le fiel d'une vive ironie
Vint se placer dans le couplet malin :
Et le vaincu, le lâche spadassin,
Dans ces concerts burent l'ignominie
Que leur versoit le soldat inhumain.
    Ainsi naquit cet être si fertile,
L'art chansonnier, le brillant Vaudeville.
L'Amour, Bacchus, & la Malignité,
L'ont par degrés à son comble porté.

---

* Pavois, sorte de Bouclier.

DEUXIÉME CHANT.
L'AMOUR.

Préceptes généraux. Il est possible de tout dire sans blesser l'honnêteté ; ne créer une Fable que d'après les êtres & les mœurs connus. Episode pour prouver ces deux préceptes.

TEL arrivé sur un mont escarpé,
Un voyageur au-delà des campagnes,
Voit s'élever de nouvelles montagnes :
Tel, déjà las, dans mon travail trompé,
Mon œil s'effraye, en voyant la carriere
Qu'à mes regards déroboit la barriere.
Je vois s'ouvrir un chemin tortueux
Où le chardon, la ronce, la bruyere,
Cachent un sol peut-être infructueux.
  Divin BOILEAU, dont la verve brillante
Auroit en or transformé des cailloux,
Jette sur moi les regards les plus doux.
Pardonne, hélas ! si ma Muse imprudente
Ose en ces vers glaner sur ton chemin
Quelques épis peu dignes de ta main :
Mais autant l'Ode eleve un front superbe
Plus haut que l'art dont je prescris la loi ;
Autant le Cedre est au-dessus de l'herbe,
Autant l'Auteur est au-dessous de toi.

Tendres efprits, qu'une jeuneffe ardente
Livre aux plaifirs dont la courfe eft un point,
Écoutez-moi ; fur l'art que je vous chante,
Je fuis fincere, & je ne furfais point.
Le monftre aîlé, qui des faits qu'il répete,
Remplit, étonne & trompe l'Univers,
Très-peu de vous, peut-être de vos vers *
Occupera fa bruïante trompette :
Mais pour payer la douceur de vos fons,
Iris, peut-être en fecret enflamée,
Pourra donner, pour prix de vos chanfons;
Plus que la Gloire & que la Renommée.
Soyez contens ; & laiffez aux guerriers,
Aux habitans du fommet du Parnaffe,
Un vain féjour que la foudre menace
Et de l'Amour attendez vos lauriers.

C'eft lui qui fçait, fous le naiffant feuillage,
Du Roffignol animer les accens :
Il doit avoir votre premier encens,
Et le premier s'attirer votre hommage.
Mais cet enfant, fimple dans fon langage,
Ne veut qu'un ton auffi fimple que lui :
Fuyez des mots le bruïant étalage,
Vuides de fens, & voués à l'ennui.

Harmonieux, peu ferré dans le ftyle,
Enoncez-vous avec facilité :
Ce que la profe expofe avec clarté,

Devient obscur en un couplet futile.
    D'un mot jetté fuyez le vin écart ;
L'inversion est toujours déplacée :
Mais suspendez & filez avec art
Le sens parfait d'une heureuse pensée.
Tel , au sortir du plus étroit canal ,
L'or à la soie avec art enlacée ,
Donne l'éclat d'un précieux métal.
    Que, commandé par la délicatesse ,
L'air soit d'accord avec le sentiment :
Que la mesure & que le mouvement
Des passions augmentant la justesse,
Frappent les mots , & servent d'ornement,
L'impétueuse & bouillante colere
Veut des tons vifs , animés & pressans :
L'amour plaintif marche à pas languissans ;
L'amour heureux a la course légere.
    Souvent un ton plaisamment rencontré ,
D'un beau refrain fait sentir l'harmonie.
Il est des tons tout faits pour l'ironie ;
Son trait perçant doit n'être que montré.
    Le jeu de mots , ailleurs si condamnable ,
Est en chansons quelquefois supportable ;
Mais redoutez d'y trouver des appas :
Il est l'esprit de ceux qui n'en ont pas.
Abandonnez à l'emphase tragique

Ces mots enflés, dont le corps tortueux
Donne à la phrase un pas majestueux.
Les petits mots sont faits pour la Musique:
Troupe légere, ils se prêtent à tout;
Tout son leur plaît, & tout est de leur goût.

   Il est un choix de syllabes heureuses,
Qui dans leur marche agréables, nombreuses,
Ont une chûte, ont un accord touchant.
Malgré les cris du censeur indocile,
En sons charmans notre langue fertile
Peut se suffire & satisfaire au chant.

   Que l'Erudit dans le fond d'un Collége,
De son Latin vante le privilége :
Il a raison : le Grec & le Latin
Sur le François ont un titre certain;
Sans alléguer que l'idiôme antique
A nos regards est dans son point d'optique.
N'appellons point de son autorité.
Mais si guindé sur ses vieilles échasses,
A notre langue il refuse des graces,
Des tours heureux, le nombre & la clarté;
C'est qu'un pedant, sur les bancs de ses classes
Ne peut sans goût, voir une verité,
Dont le goût seul fait sentir la beauté.

   Oui, c'est par vous, grands hommes, qu
j'en jure !

Oui, c'est par vous, ô Racine! ô Boileau!
Vous apprendrez à la race future
Que notre langue a dans un tour nouveau
Une harmonie, un genre, un caractere,
Tel que le Grec annobli par Homere :
Chaque syllabe en son cours limité,
Frappe, régit, marque la quantité.

    Distinguez donc la brève, la diphtongue,
Ou la douteuse, & celle au marcher lent.
N'enchâssez pas une syllabe longue
Sur un son bref. O vous, Auteur galant,
Qui près d'Iris buvez l'eau du Permesse,
Écoutez la, Syrene enchanteresse,
Comme elle file & module ses sons,
Soit qu'elle masque ou montre sa tendresse ;
Soit qu'elle flatte, ou menace, ou carresse ;
Comme elle monte ou redescend ses tons,
Sans nuls apprêts ; plus sçavante maitresse,
Son doux parler vaut mieux que mes leçons.

    Le sexe aimable, en ses levres charmantes,
Reçut du Ciel la persuasion.
Il en forma les voix intéressantes,
De ces accens qui font impression.
Le miel du cœur, la douce inflexion,
Est dans sa bouche en un dégré suprème.
Le Dieu du trouble & de l'émotion
Ne l'embellit que pour prononcer : J'aime.

Si la rougeur , compagne de l'aveu ,
N'effarouchoit une pudeur ingrate ,
Qui pourroit mieux , en des vers pleins de feu,
Peindre l'ardeur d'une ame délicate ?
Reparoissez , ô divines Saphos ; *
Chantez , chantez les hymnes de Paphos.
L'esprit , le cœur , tout vous le persuade :
Phaon n'est plus ; les rochers de Leucade
Ont expié les crimes de Lesbos.

    Présentez-vous quelque image un peu vive
Des doux plaisirs qui craignent le témoin ;
Laissez tout faire à l'imaginative :
D'un long discours elle n'a pas besoin.
L'esprit saisit assez , sans commentaires ,
Tous les détails de ces galans mysteres.
On veut en vain orner l'impureté :
* Chassez au loin la moindre obscénité.
Si le Public , en donnant ses suffrages ,
Ne voit l'Auteur qu'à travers ses ouvrages ,
Quel jugement sur lui doit-il porter ,
Quand l'indiscret n'a pu se respecter ?

    Ne donnez point dans ces sujets vulgaires,
D'un foible esprit ressources ordinaires :
Toujours Lisette , & toujours son corset ;
Colin alors lui coupe son lacet ,
Dans un boccage , au bord d'une onde claire ;
Et toujours loin des regards de sa Mere ;

Puis les Defirs , les Plaifirs & les Dieux.
Enfin l'Auteur, pour fe tirer d'affaire ,
Par un regard leur fait ouvrir les Cieux.
Mais entraîné dans les défauts contraires ,
N'affectez point de rimes fingulieres ;
Jamais le fens ne fuit qu'en s'efforçant.
Telles on voit ces beautés minaudieres
Pincer la bouche , & rire en grimaçant.
Fuyez auffi ces rimes redoublées ,
Qui ne font voir , durement accouplées,
Que le goût faux qui les a raffemblées :
Le chant ne porte à l'organe furpris
Qu'un bruit qui nuit, & qu'un vain cliquetis.

   Il eft pourtant, malgré cette maxime ,
Certain Rondeau qui peut être excepté.
Du même fon le retour répété
Souffre aifément le retour de la rime :
Mais par le goût il doit être dicté.
L'efprit en vain juge , parle & décide ;
Dans les Chanfons c'eft le goût qui préfide.
Comme du vers l'hémiftiche eft partout ,
Le mettre en place eft l'ouvrage du goût.

   Ce même efprit , qui d'ornemens poftiches
A furchargé tous nos vieux batimens,
Qui les peupla de magots dans des niches,
Et qui jucha , comme embelliffemens ,

Des Rois couchés jufques dans les corniches,
Ce même efprit, fier de ces ornemens,
Sur tous les Arts étendit fes talens.
Il inventa le fublime Acroftiche,
Et l'Anagramme, & tous ces traits faillans
Que nos Ayeux trouverent fi brillans.
Mais le Goût vint ; & de lui-même riche,
Il bannit tout, & ne permit qu'aux fots
Ces libertés, digne ouvrage des Goths.
Il réferva cependant, mais par grace,
L'Enigme adroite & les vers par Echos.
Dans le Mercure à l'une il donna place :
Dans les Chanfons ceux-ci placent des mots;
Des mots fans doute : il leur défend l'ufage
Du fentiment, cette yvreffe de cœur ;
Et n'y permet qu'un fimple badinage,
Ingénieux, ou critique, ou flatteur;
A moins que l'art, plaintif en fon langage,
N'y faffe entrer un Interlocuteur. *
Telle d'Echo, cette Nymphe trop tendre,
La voix nous rend cent fois le même ton;
Tel ce couplet ne doit nous faire entendre
Qu'un même mot noté fur même fon.

Si vous créez quelques fables nouvelles,

---

* Telle eft cette chanfon : *Dis lui que je l'aime.... Aime : Aime.* Dans Raton & Rofette.

Appuyez-les

Appuyez-les fur des êtres connus ,
Tels que l'Amour, ou Minerve, ou Vénus ;
Et que les mœurs foient d'après les modeles
Exactement. Dans les murs de Samos
Ainfi chantoit le vieillard de Théos.
* Anacréon, dans fes allégories ,
Donne toujours à fes moralités ,
Pour fondement , de grandes vérités ,
Fables pour nous , par fon fiecle chéries.
 Soit que le Dieu qui triomphe des cœurs
Frappe à fa porte, & méchamment l'éveille ;
Soit que l'Enfant piqué par une Abeille
Vole à Cythere , & montre, tout en pleurs ,
A fa Maman qui rit de fes douleurs ,
Son doigt bleffé , fymbole de nos peines ;
Ou que lié par les mains des neuf Sœurs ,
Captif heureux , il fourie à fes chaînes ;
Prifon de fleurs, où le traître enchanté
A pour geoliers l'Efprit & la Beauté :
Sa Mufe imprime à toutes fes images
L'air & les traits des divers perfonnages :
La vérité perce & fait fon effet.
 Le Camayeu, dans l'art de la peinture ,
Peut s'élever jufqu'au plus grand fujet :
Mais d'une main toujours fidelle & fûre
Il doit lier le tout à fon objet ,
L'ombre, le clair, le plan & la figure ,

H

Et ne jamais oublier la nature.
Tel le couplet, foit que perçant les Cieux,
Il chante Iris, ou Louis, ou les Dieux;
Ou qu'humblement, dans un prè, fur l'herbette;
Il réuniffe & Colin & Colette :
Il doit faifir & le ftyle & les mœurs,
Et ne jamais oublier fes Acteurs.

On dit qu'un jour aux champs de la Phocide,
Pour fe fouftraire aux fureurs d'un perfide,*
Les chaftes Sœurs dans le vague des airs
Voloient au lieu fameux par leurs concerts.
Du haut d'un mont l'impétueux Borée
Fond tout à coup fur la troupe facrée;
Il la difperfe. Une profonde nuit
Succede au Dieu de l'orage & du bruit.
Loin de fes fœurs la trifte Melpomene
Tint dans fon vol une route incertaine,
Et dans un bois à Vénus confacré
Crut rencontrer un afyle affuré;
Là, fous la plume & fous fes aîles clofe,
Elle refta dans fa métamorphofe ;
Là, fur un myrthe, arbriffeau de l'Amour,
Elle attendit la naiffance du jour.
Déjà des eaux colorant la furface,
Il éclairoit les confins de la Thrace ;
Déjà de l'œil, dans les champs de Cerès,

Le laboureur distinguoit ses guérets ;
On ressentoit par toute la nature
Cette fraîcheur, cette volupté pure,
Qui fait frémir & bouillonner nos sens ;
Les rossignols, par leurs tendres accens,
Chantoient leurs feux, exprimoient leur ten-
      dresse,
Et voltigeant de rameaux en rameaux,
Même aux regards de la chaste Déesse,
Sous leurs transports agitoient les ormeaux.
  Le lieu, l'objet, tout dans cette campagne
Peignoit l'Amour à son cœur trop ému :
Elle étoit seule ; & la frêle vertu,
Pour marcher ferme, a besoin de compagne.
Enfin par crainte ou par simplicité,
Soit confiance ou curiosité,
D'un simple oiseau les feux la séduisirent ;
Minerve fuit, & les Dieux le permirent.
Un bruit courut dans ce tems renommé,
Que Jupiter en aigle transformé....
Mais on sent trop que, pour sauver sa gloire,
Le Grec adroit a brodé cette histoire.
L'homme toujours par de fausses rumeurs
Veut de ses Dieux annoblir les erreurs.
  Enfin qu'un dieu l'ait prise pour victime,
Ou qu'un mortel ait consommé ce crime,
Dans un bocage, au pied du mont Ida, *

H ij

La triste Muse eut le sort de Léda. *
D'un œuf naquit un être à double face,
Qui sur le champ prit son vol au Parnasse.
Là, pour donner les plus burlesques Loix,
De Melpomene il contrefait la voix ;
Là, croassant ses phrases imbécilles,
Il confond tout, les genres & les styles ;
Sublime & bas, & superficiel,
D'un air profond, tantôt il est au Ciel ;
Tantôt il rampe à terre au moment même.
Si de Newton il expose un système,
Il le découpe en style de Roman ;
Et si d'Euclide il propose un problême,
Il donne au style un air de sentiment.

    Ce Dieu falot, par plus d'un monument,
Se signala dans Athene & dans Rome,
Sous divers noms. Quant à moi, je le nomme
Amphigouri, l'Apollon du phœbus,
Du persifflage, & des fades rebus.
Défiez-vous, Auteurs de chansonnettes,
De son jargon, de ses graves sornettes ;
Et plût au Ciel, aimables nourriçons,
Qu'il n'eût encor gâté que vos chansons.

TROISIÉME CHANT.
BACCHUS.

Examen précis des mœurs de l'Europe. Préceptes.
A présent on fait moins de chansons Bacchiques.
Episode qui en dit la raison.

PERE des Ris, des Jeux & de la Table,
Dieu des Chansons & de la liberté,
Divin Bacchus, ton nectar délectable
Nous fait atteindre à la félicité.
Du char rapide où de la Bactriane
Tu vins t'offrir aux regards d'Ariane,
Ne descends point ; mais, plus prompt que les
      vents,
Vole, vois, juge, & connois tes enfans.

Du sein Persique aux rives du Bosphore,
Un peuple immense est souftrait à tes loix :
Fils de Penthée, ils refusent encore
De reconnoître & ton culte & tes droits.
Dans un sérail au vrai plaisir contraire,
L'Amour gémit de se voir sans son frere ;
Par l'instinct seul les cœurs y sont unis :
Bacchus leur manque ; ils sont assez punis.
   Aux bords du Tage, aux rivages du Tibre,

Ton Thyrse regne, & son pouvoir est libre :
Mais d'un œil louche on y voit le Soupçon.
Compter les pas de l'Indiscrétion ;
Près d'elle assis, le Délateur impie
Trouble en ces lieux les plaisirs qu'il épie ;
Et plus souvent terrible en ses fureurs,
La Jalousie en proie à ses erreurs,
Venge à l'écart, dans le sein d'un convive,
Un mot, un geste, une œillade naïve.
Sous ces climats, la Vengeance est sans frein.
Fuyons, fuyons aux rivages du Rhin.

    C'est-là, grand Dieu, que sensible à tes charmes,
Le dur Germain à ta divinité
Se livre entier, agité, transporté :
Mais furieux, il demande ses armes ;
Et plein d'yvresse & d'intrépidité,
Nouveau Lapithe, il répand les allarmes
Dans le séjour qu'a choisi la Gaîte.

    Plus fier qu'heureux de trop de liberté,
L'Anglois profond, dont l'ame est dévouée
Aux tourbillons des différens partis,
Souvent poussant une voix enrouée,
Même au dessert, épouvante les Ris.

    Est-ce en ces lieux de trouble & de querelle
Que tu te plais, ô Dieu, fils de Semele ?
Non : vrai, folâtre, amoureux de la paix,

Tu dois regner où regnent tes bienfaits.
C'est à Paris. Là le lieu de la scene
De ton triomphe assure le succès.
Tu trouveras aux rives de la Seine ,
L'Amour à table à côté du François.
Jeune à tout âge , il est toujours aimable :
Il papillonne encore en cheveux blancs ;
Et s'il n'a point quelque mal qui l'accable ,
Tu l'entendras avec des sons tremblans ,
Branlant la tête , un coude sur la table ,
Balbutier , avec un air affable ,
Un vieux couplet au fils de ses enfans ,
Petit ingrat , qui même en sa présence
Le contrefait. Il en rit le premier ,
Et sauve encore au petit écolier
Le châtiment que méritoit l'offense.

Mais , ô Bacchus , quel est l'hymne sacré ,
Dont tu te plais à te voir célébré ?
Du Vaudeville & comique & folâtre ,
Ou de ces chants qu'adopte le Théâtre ,
Qui répond mieux à tes brillans décrets ?
Transporte-moi dans ces lieux , où la joie
Avec ivresse au dessert se déploie.
Ciel ! quel spectacle est ouvert à mes yeux !
Est-ce l'Olympe & la table des Dieux ?
Tous les plaisirs.... Mais après un silence ,

H iv

Dans ce fallon où la Magnificence
A raffemblé les chef-d'œuvres des Arts,
Où vingt trémeaux, dreffés par l'Opulence,
Offrent les Ris à leurs propres regards,
J'entends des fons.... Une voix de tonnerre
Gronde, mugit, & fait trembler la terre :
On applaudit. Iris à ces éclats
Fait fuccéder des fons plus délicats :
Du Roffignol c'eft le tendre ramage ;
C'eft un Ruiffeau fur des gazons fleuris ;
C'eft le Zéphir, c'eft un amant volage.
Elle finit, on admire. Ah ! Damis,
A votre tour. Il frappe fur fa boëte : *
En minaudant, il prélude, il s'apprête ;
Il chante enfin : alors *le Dieu des cœurs*,
Sans doute *vole, arme, triomphe, enflamme ;*
L'Amour, l'Amour lance fes traits vainqueurs,
Lance fes traits, & fes feux, & fa flamme.

  Mais cependant un vieux Dieu, lourd, pefant,
Le fombre Ennui paffant de rang en rang,
Pour s'emparer de la troupe furprife,
De ces grands airs n'attend pas la reprife.
Tout bas on bâille, on admire en bâillant ;
Et ce fallon, le temple du Talent,
Perd fon éclat, & fa fplendeur premiere.
Mille flambeaux l'éclairent triftement ;
Et fous les coups du pavot affommant,

L'œil voit ciller fa tremblante paupiere :
Lorfqu'un Abbé , petit homme charmant ,
Convive unique , agent né de Cythere ,
Part fans prélude , & commence gaîment.
Il n'a ni voix , ni timbre , ni cadence ;
Un peu de goût fait toute fa fcience :
Mais un Couplet met l'auditoire en train ;
On chante en chœur , le plaifir fe partage ;
L'Amour fourit dans un verre de vin ,
Et le champagne en mouffe davantage.

Couplet brillant , ton empire eft ici.
La Volupté , fous les traits d'Epicure ,
Loin de nos cœurs chaffe alors le Souci ;
Il nous fait voir quelle eft la fource pure
Qu'indique en nous le cri de la Nature.
Elle prefcrit , fage dans fes accens ,
L'ufage heureux , non l'abus de nos fens ;
Et banniffant les dégoûts , les contraintes ,
Jette à nos pieds les terreurs & les craintes ,
Rit des vains bruits de l'avare Achéron ,
Et des Enfers badine avec Caron.

Mais appuyons tout Couplet dogmatique
Du ton marqué d'une grave mufique.
Tel d'Apollon le Grand Prêtre infpiré , *
Bouillant du feu de l'efprit prophétique ,
Dictoit fes loix fur un ton mefuré :
Ou tel , brulant au milieu de fa courfe ,

L'aſtre du jour , au front majeſtueux ,
Paroît plus lent à la cime des cieux.

Du Vaudeville il coule une autre ſource ,
Qui ſur des fleurs veut marcher lentement :
C'eſt la Chanſon , fille du Sentiment ,
Quand l'Amitié , divine enchantereſſe ,
Vient épancher ſon auguſte tendreſſe ,
Ou quand l'Amour plus vif , moins délicat ,
Parle , ſoupire , ou ſe plaint d'un ingrat.
Si vous filez une triſte Romance ,
Ne la parez que de ſa négligence :
Son tour donné par la Naïveté ,
Pour les récits que fait ſon innocence ,
Veut un choix d'airs pleins de ſimplicité.
Ce ton ſi ſimple a ſa difficulté.
L'oiſeau léger qui veut raſer la plaine ,
Preſſé de l'air dont il étoit porté ,
Rame avec force , & le fait avec peine.
   Au Menuet , & vif , & brillanté
Par les éclats des fredons Italiques ,
On peut lier quelques ſcenes comiques ,
Le Petit-Maître au maintien excédé ,
Et la Coquette , & le Robin guindé :
Mais pour chanter ſur ces tons énergiques ,
Tout Amphion ne peut être Vadé (1).

----

(1) Auteur du Suffiſant.

Il eſt un genre au-deſſous du Burleſque ;
Phœbus honteux ne peut le nommer preſque.
Enfant du peuple , & du peuple chéri ,
Il prit naiſſance au pied du Pilori.
Tel que Margot qui débite ſes herbes ,
Son goſier rauque eſt fertile en proverbes ;
Le Barbariſme eſt un de ſes bons mots :
Mais hériſſé des plus aigres propos ,
En bute , en tout , à la langue outragée ,
A la pudeur ſouvent peu ménagée.
Voyez , Auteurs , la force de l'appui :
Il plaît encor ; la nature eſt pour lui.

Sous des lambeaux , ſous de triſtes guenilles ,
Ainſi l'on voit des fillettes gentilles ,
Qui n'ont pour art que l'ingénuité ,
Pour charmes l'âge , & pour fard la ſanté.

Loin des feſtins tout Auteur flegmatique
Qui veut rimer une chanſon Bacchique.
Tel qu'un courſier plein d'ardeur & de feu ,
Partez , volez : c'eſt le ſouffle d'un Dieu ,
Qui hors de vous , vous jette & vous entraîne.
J'ai vû Bacchus , dit l'ami de Mécène :*
Oui , je l'ai vû , je le vois , je le ſens :
Mon corps frémit des tranſports de mes ſens,
Ode ou Chanſon , dans cette œuvre lyrique ,
L'enthouſiaſme au loin ſe communique.

H vj

Par le début l'auditeur maîtrisé,
Du même feu se sent électrisé ;
Et l'esprit, mû par cette image forte,
S'ébranle au moins, quand l'Auteur se transporte.
Mais soyez court ; il ne faut point user
Cette chaleur trop prompte à s'épuiser.
Donnez surtout une juste mesure
A vos chansons, même sur un plan neuf :
Trop de couplets méritent la censure ;
Trois, cinq ou sept, & jamais jusqu'à neuf.
Je ris de voir ce convive qui chante,
Psalmodier un dixiéme Couplet :
En vain pour lui la troupe complaisante
Veut lui cacher à quel point il déplaît ;
Un babil sourd marche de proche en proche,
Sur lui l'on jette un coup d'œil décevant ;
Et pour finir, il se tourne, il s'accroche
A son voisin, qui le quitte en buvant.

Jadis ici pour le vainqueur de l'Inde
Plus fréquemment on montoit sur le Pinde ;
Plus frequemment à la table, en grand chœur,
On célébroit sa divine liqueur.
Nos bons ayeux, moins délicats peut-être,
En certains lieux craignoient peu de paroître :
Et Despréaux, * qui médit de Faret,
En sa jeunesse alloit au cabaret :

C'étoit les mœurs. Alors près de la ville
La Liberté n'avoit point pour afyle
De ces réduits, où l'antre de Lemnos
Sert de portique au Temple de Paphos,
Où l'on dépofe, au fein de la Licence,
Les foins gênans de l'auftere Décence.

 Alors un vin chez Crenet * annoncé
Faifoit trotter le gourmet empreffé :
Le grand Seigneur y menoit le Poëte ;
Bon feu, bon vin, & l'ame fatisfaite,
L'efprit brilloit : & même, nous dit-on,
Racine fit les Plaideurs au *Mouton* ;
Là même encor la farouche Critique
Les gourmandoit de fa verge cauftique.

 * Sur un pupitre, un peu loin du couvert,
Un Livre horrible étoit toujours ouvert ;
Là, d'un vers dur, roide, & froid en fa rime,
L'afpect affreux épouvantoit le crime.
Hafardoit-on, dans le cours du repas,
Un mot bâtard flétri par Vaugelas :
Soutenoit-on un fentiment barbare :
Sans admirer, parloit-on de Pindare,
Ou mal d'Homere, ou trop bien de Pradon :
C'en étoit fait, nul efpoir de pardon.

 O crime, ô honte, ô défordre effroyable !
Au châtiment on livroit le coupable.
L'âge, les biens, la dignité, le rang,
Ne fauvoient point de cet affront fanglant.

La faute inftruite & duement reconnue ,
Lis , difoit-on , debout , & tête nue ,
Et lentement , de ce Drame important
Les vers tant beaux : il en faut lire tant.
Deux fois fix vers payoient un Solécifme ;
La page entiere étoit un oftracifme. *
　　Hélas ! fouvent on vit le criminel
Tomber fans force , endormi fous l'autel.
L'un d'eux un jour , à l'afpect feul du titre ,
Bâille , chancelle , & brife le pupitre ;
Et le chef lourd de trop de Chapelain ,
De l'efcalier oublia le chemin ;
Tant la Pucelle , & fon pefant Orphée ,
Donnoient de prife au pouvoir de Morphée.
　　Ah ! fi des lieux où s'abîment les Morts ,
Ces fiers Cenfeurs revenoient fur nos bords ,
Ah ! qu'aifément , dans leurs mains équitables ,
Je remettrois des armes redoutables ,
Pour affommer le plus brave Lecteur !
Voici , dirois-je , & tel & tel Auteur :
Si vous voulez de fades rapfodies
D'Actes coufus qu'on nomme Tragédies ,
Prenez ceci : pour un ennui mortel
Rien de meilleur ; c'eft l'ouvrage d'un tel.
Mais de ma lifte alors plus indifcrette ,
J'aurois grand foin de bannir Philoctete (1) ;
Il donneroit , par les Mufes dicté ,
Trop peu de prife à la malignité.

(1) Poëme Dramatique de M. de Châteaubrun.

QUATRIÉME CHANT.
LA MALIGNITÉ.

MALIGNITÉ, dont le germe fécond
Remplit nos cœurs, en tapisse le fond ;
Sentiment fin, aussi vieux dans notre ame
Que l'amour-propre, & que lui seul enflamme ;
Qui peut nombrer les ressorts & les fils,
Agens secrets de tes complots subtils ?
Le vif, l'adroit, le mobile Prothée *
Étoit moins souple aux regards d'Aristée ; *
Et près d'Io confiée à sa foi, *
L'homme aux cent yeux voyoit moins clair que
      toi. *

Faut-il percer les plus sombres mysteres,
Noyer le vrai dans de faux commentaires,
Substituer des vices aux vertus,
Rendre suspects & Lucrece & Brutus,
De tout grand homme empoisonner la vie,
Mordre, affirmer, ou douter méchamment :
Te voilà prête ; & ton rafinement
Même iouera, pour irriter l'Envie.
   Mais des moyens qui dirigent l'affront,
Le Vaudeville est certe le plus prompt.
Humble, rampant, mais guidé par l'Injure ;
Il parle bas, à l'oreille il murmure ;

Puis tout à coup s'élançant dans les airs,
Ses fiers accens rempliſſent l'Univers.
Les Souverains, les Auteurs & les Belles,
Ont reſſenti ſes atteintes cruelles
Dans tous les temps ; & le premier Céſar *
Le vit marcher à côté de ſon char.
  L'ambitieux qu'irrite la puiſſance,
Et l'indigent que bieſſe l'opulence,
Et la laideur qu'offuſque la beauté,
Verſent le fiel par ſes mains apprête.
Le Peuple rit ; & cruel ſans malice,
Prête à ſes ſons une bouche complice :
Et peu ſenſible aux pleurs qu'il fait verſer
Eſt, s'il les voit, prêt à recommencer.

  Ce vil eſſain qui dans Paris fourmille,
Qui, tout entier au travail de l'inſtant,
Va, trotte, vole, agit, boit & babille,
A vu ſouvent expirer en chantant
Ses grands projets, ſes complots, ſes allarmes.
Un bon Couplet dans un cas important
En ris moqueurs a transformé ſes larmes,
Donné le change à ce peuple inconſtant,
Et fait tomber ſa fureur & ſes armes.
Le prudent Law, & l'adroit Mazarin
Laiſſoient chanter, & s'empâtoient du grain
Que répandoient Meſſieurs de la Muſique

Le Vaudeville aidoit leur politique.
Jamais il n'eft plus enflé de venin ,
Que quand il s'offre avec un air benin ,
Lorfque fa phrafe & s'ajufte & fe brode ,
Sur un chant fimple & furtout à la mode.
L'art le plus grand eft d'enfoncer fans art
Les traits perçans de ce fubtil poignard :
Sa pointe alors.... Mais quel projet funefte !
Vais-je aiguifer un trait que je détefte ?
Vais-je donner des horribles leçons
Pour compofer de funeftes poifons ?
A ces horreurs bien loin que je provoque ;
Fuyez , craignez les fuccès d'Archiloque. *

    Les bras fanglans , l'impatiente Até *
Pourfuit bien-tôt un rimeur effronté ,
Que rend cruel un efprit qui pétille.
Les murs affreux qui forment la Baftille
Montrent encore en leur enclos noirci ,
Au jour tremblant qu'intercepte une grille ,
Les vifs regrets qu'y charbonnoit Buffi. *

    Quelqu'un encor peut fe citer ici.
Mais fans courir après cette apoftille ,
Le Vaudeville & fes triftes effets
Sont devant nous : qui ne fçait fes forfaits ?

    Je vois Rouffeau qui fous fes fureurs tombe , *
En gémiffant de la rigueur des loix ; *

Lui , dont l'Anglois auroit placé la tombe
Dans Weftminfter , pour honorer fes Rois.
Il tombe , hélas ! une horrible cabale
Ourdit à l'ombre une trame infernale.
De vils Couplets que la Haine louoit ,
Et que l'efprit tout bas défavouoit ;
Amas d'horreurs, de noirceurs & de crimes ,
Mais par malheur appuyés fur des rimes
Telles qu'en offre au premier indifcret
Le vain recueil qu'en a fait Richelet :
De vils Couplets ont , loin de ma patrie ,
Lié trente ans cette Mufe chérie ;
Ils ont verfé fur fes jours malheureux
L'ennui , la honte & les dégoûts affreux.
O toi , grand Dieu , toi , de qui le génie
Sur l'Helicon préfide à l'Harmonie ,
Loin du Poëte , alors que faifois-tu ?
Pour te venger où donc eft ta vertu ?
N'étois-tu Dieu que contre nos ancêtres ?

Lorfqu'en ces murs renommés par tes prêtres,
Le fage Efope * eût offert le miroir
Aux Delphiens effrayés de fe voir ,
La Vanité par fes Fables punie
Contre fes jours arma la Calomnie :
D'un crime bas auffi-tôt accufé ,
A fe défendre il fe vit expofé ,

Livré , jugé. Le fol Aréopage
Fit d'un rocher précipiter le sage.
Fils de Latône , alors dans ton transport ,
Tu pris ton arc , tu montas sur les nues ,
Tu les livras à des douleurs aigues ,
Tu les perças de tes traits ; & la Mort ,
La Mort couvrit de ses aîles affreuses
Des Delphiens les terres malheureuses ;
On vit le pere & les fils expirans :
Comme en hyver sous les souffles des vents
Au coin d'un bois tombent des feuilles seches ,
Ainsi sans nombre ils tomboient sous tes fléches.
   On appaisa par un grand monument
Esope mort : foible soulagement ,
Qu'un ennemi toujours donne avec joie
Au malheureux dont il a fait sa proie.
Moins criminels , Phœbus s'est contenté
De nous sevrer de sa divinité ;
De nous priver du sublime délire ,
Et des Rousseaux , & du son de leur lyre.

   Chantre divin , que la marche des tems
N'a-t-elle alors avancé mes instans !
Que plus chéri des Filles de Mémoire ,
Ne m'a-t-on vû l'émule de ta gloire !
J'aurois acquis un immortel laurier :
Devant tes pas m'avançant le premier ,

J'eusse échauffé ta force & ton courage ;
Ton innocence eût été mon ouvrage ;
J'aurois bravé, j'aurois paré les coups,
J'eusse écrasé la cohorte importune
De ces rimeurs aveuglés de courroux.
L'honneur sans doute, & même la fortune
D'un homme illustre, est l'affaire de tous.

Mais revenons, Muse. Le Vaudeville
Le plus parfait & le plus difficile,
Celui reçu dans le sacré Vallon,
Celui que même avoûroit Apollon,
C'est ce Couplet qui frappe sans scrupule
Sur les défauts & sur le ridicule.
Sans rien nommer, utile en son chagrin,
Il prend ses loix du tour de son refrain :
Du refrain seul il tire sa substance ;
Il le finit, le coupe ou le commence :
Un mot, un rien, un proverbe connu,
Un sens douteux ou long-temps suspendu ;
Le choc des mots, la phrase *antithèse*,
Dans un beau jour doit mettre sa pensée.
Ce Vaudeville, ainsi que le Sonnet,
Ne souffre rien que de pur & de net.
Pour s'asservir au refrain qui l'achève,
Toujours la phrase est trop longue ou trop brève.

Toujours le fens, trop ou trop peu preflé,
Dans fon chaton devient lâche ou forcé.

Auffi plus d'un a fait parler Thalie,
Qui defirant de la faire chanter,
Malgré tout l'art d'une Actrice jolie,
Sur fon Couplet n'a pas dû fe flatter :
Car ce n'eft pas affez de l'inventer ;
Il faut encor que la rime foit riche,
Que chaque mot y foit comme en fa niche ;
Jufte, élégant fans être recherché,
Nerveux, & doux fans paroître léché.
Comme fes mots, fes phrafes, fa tournure
N'ont que le ton que dicte la Nature,
Il eft fujet à trouver des ingrats.

Ainfi, paré de fes propres appas,
Lorfque Veftris déploie avec noblefle
D'un nerf tendu l'élaftique fouplefle ;
Lorfqu'attirant les Graces fur fes pas,
Il les reçoit, les fixe dans fes bras ;
Il plaira moins au fpectateur ignare
Que ce fauteur fous un mafque bifarre,
Qui prefte, vif, vole, & toujours en l'air,
Brille, va, vient, pafle comme l'éclair.

Les Triolets, les Rondeaux, les Brunettes,
La Ronde alerte, & les tendres Mufettes,
Les *Lanturlu*, les *Lon-la*, les *Flon-flon*,
D'autres encor, jufques au *Mirliton*,

Ont, par leur fel & leur tour ironique,
Donné naiſſance à l'Opera-Comique.
    Non loin des lieux où Clermont dans ſa cour
Tient réunis Apollon & l'Amour,
Il eſt un ſol couvert de vieux portiques,
Amas confus de charpentes antiques,
Qui ſemble offrir, ſur ſon pavé mal ſain,
Un antre vaſte aſſez propre au larcin.
Après les tems de la guerre civile,
Cette arche immenſe attiroit dans ſon ſein
Et la Province, & la Cour & la Ville,
Les Grands, le Peuple, & l'aigle & le reptile,
Et pis encor, des Joueurs ſans état,
Et des fripons en épée, en rabat.
Le Vol, le Meurtre, enfans de l'Avarice,
Et le Duel, en ce temps leur complice,
En avoient fait un vrai lieu de ſabbat.
Mais d'Argenſon a fait pour la Police
Ce que ſon fils crut faire pour l'Etat.
Tout eſt changé. La ſureté publique
Y ſouffre encor la lanterne magique.
Quelques Marchands, Magiciens auſſi,
Et des dragons venus du Potoſi,
Ou de plus loin, des ſauteurs, des optiques,
Des chiens, des chats, des crocs, des charlatans,
Dans la ſaiſon qui conduit au Printems,
Tiennent encor la moitié des boutiques.

Certain Bertrand , farceur de son métier , *
Sur ses tréteaux s'ingéra le premier
D'y hasarder , dans ses pieces nouvelles ,
Des mots guindés sur quelques Ritournelles:
La chanson plût : le bon Bourgeois content
Le soir chez lui retournoit en chantant ;
Et d'un Couplet porté dans sa famille ,
Emerveilloit & sa femme & sa fille.
Frappés alors du succès Théatral ,
Des Ecrivains , *le Sage & d'Orneval* *
A ces farceurs s'engagerent de vendre
Tout leur esprit , tant qu'il pourroit s'étendre.
Le marché tint , & même réussit :
Le peuple y court , y retourne , applaudit.
Mais cependant la sombre Jalousie ,
L'Ennui , la Faim de la Honte suivie ,
En d'autres lieux chassés par ces succès ,
Portent l'effroi chez nos Acteurs François.
Thémis paroît , juge , parle , & fait taire
Ces indiscrets qui se mêloient de plaire.
Certain accord assez mal fagoté
Rendit depuis un peu de liberté :
Mais des rivaux souffrent peu de partage ;
C'étoit la paix de Rome & de Carthage.

Un grand spectacle enfin autorisé
Fit relever ce Théâtre brisé ;

Le Goût fentit qu'il ouvroit une école, *
Où, dans un jeu dont la forme eft frivole,
On peut tâter & former des talens
Propres un jour à des fuccès brillans.
Alors le Dieu de ce genre agréable
De ce côté jette un œil favorable.
A fes accens le Génie accourut,
Saifit Favart, & lui dit : Plais ; il plut.
Correct, exact, & même affez Poëte,
Le Flageolet, le Clairon, la Mufette
Ont réuffi tour à tour dans fes mains.
Il renvoya la morale pefante,
Les couplets froids, la profe languiffante ;
Marcha toujours par les plus courts chemins;
Et d'une fcene avec art travaillée
Sçut éviter la forme détaillée,
En ne donnant au fond de fon fujet
Que les grands traits, les maffes de l'objet.
Du fuc des fleurs, & des beautés éparfes
Dans les Romans, & ces antiques Farces,
Pleines d'efprit, de défauts & de fiel,
Adroitement il compofa fon miel.
D'un Conte ufé qu'embellit la Fontaine
Il fçut tirer une brillante fcene :
Et dans fon vol plein de légereté,
Pour badiner ne fe fiant qu'aux Graces,
Le Mot plaifant, l'Equivoque à deux faces

Ne

Ne s'offrit plus qu'en marchant de côté.
Quelques Auteurs, accourant sur ses traces,
Dans le verger des Plaisirs & des Ris,
Ont moissonné des fleurs d'un certain prix ;
Et quelqu'un même, ami de Melpomene *,
Du haut du mont est venu dans la plaine.
Mais peu sçavant dans l'art de m'exprimer ,
Je me tairai sur leur compte ; & je laisse
Aux Almanachs le soin de les nommer.
Un tel projet exige trop d'adresse.

Ainsi ce siecle a fixé les destins
D'un joli genre, ignoré des Latins ;
Ainsi Phœbus établit un asyle
Pour cet enfant du brillant Vaudeville.
Que ce spectacle étoit bien fait pour nous !
Il est calqué sur notre caractere :
Vifs, inconstans, galans, cherchans à plaire ;
Toujours courans à des passe-temps doux,
Toujours cherchans dans notre humeur légere
A varier nos plaisirs & nos goûts ,
Toujours planans sur la superficie ;
Dans nos propos souvent pleins de folie
Flatteurs ou froids, badins ou dangereux ,
Dans nos amours libres ou doucereux.
Quoique ce genre , ami de la prairie ,

I

Coure un peu trop après la bergerie ,
Loin quelquefois des troupeaux & des bois ,
Son flageolet ose chanter les Rois.
O jours brillans , quand la Convalescence
Sécha nos pleurs , & rendit l'espérance !
O jours brillans , quand les *Amours Grivois*
De tout un peuple accompagnoient la voix ;
Quand ils rendoient à la clameur publique
Les accens vrais d'une tendresse unique !

O doux refrain ! *Vive , vive à jamais*
Vive le Pere & le Roi des François .!
Ce souvenir m'échauffe & me remue ;
Je me sens plein d'une nouvelle ardeur ;
Mon ame entiere à ce nom s'est emue.
Quand mes regards verront-ils sa Statue
Servir d'objet aux mouvemens du cœur
Du peuple aimé dont il fait le bonheur ?
Mais j'apperçois vers les Champs Elysées ,
Près de ce pont à charnieres brisées ,
Qui sous la main mobile ou permanent ,
Roule un plancher sur son pivot tournant ;
Je vois fouiller de profondes tranchées ;
Je vois finir des pierres ébauchées.
Plus loin le bronze entassé près des creux
Frémit , & cede à Vulcain furieux ;

Aux vifs efforts de la flamme rapide
Le dur métal coule, & paroît limpide ;
L'inftant commande, on ouvre les fourneaux ;
L'airain bouillant inonde les canaux ;
Le Dieu brûlant qui peut tout mettre en cendre,
Fuit malgré lui fous les ordres du temps :
Tel il cédoit aux rives du Scamandre. *
L'impatience a compté les inftans :
On tâte, on tourne ; & fous des coups prudens
Le mafque tombe ; on regarde ; il refpire :
Oui, c'eft Louis. Dans fon fougueux délire,
L'Artifte heureux, qui ne voit nul défaut,
Parle, s'oublie, & s'admire tout haut.

O Compagnon digne de Praxitelle,
Illuftre appui d'une gloire immortelle !
Ne vois-je pas les accompagnemens
Qui ferviront au focle, d'ornemens ?
Pourquoi ces traits, ces lances hériffées,
Et ces tronçons de piques fracaffées,
Ces foldats nuds, en efclaves courbés,
Leurs corps nerveux, & meurtris & plombés
Sous tous ces fers, ces chaînes agraffées,
Au coin maffif de ce grand Piédeftal ?
Que feriez-vous en l'honneur d'Annibal ?
Ne pofez point ces indignes trophées
Que la Fortune éleve en fe jouant,

I ij

Et que du pied elle jette en paſſant.
Un Roi guidé par l'ordre, & la prudence,
Dont tous les faits ſont des traits de Clémence,
Ne doit montrer que ce qu'il porte en ſoi.
Son cœur farouche a-t-il cherché la guerre?
Se plairoit-il à ravager la terre ?
Loin d'y placer la terreur & l'effroi,
Loin de le peindre inhumain, ſanguinaire;
Si vous l'offrez aux champs de Fontenoi,
Préſentez-le pleurant ſur ſa victoire;
Et pénétré, plus en Pere qu'en Roi,
Du ſang verſé que lui coute ſa gloire.

Que le ciſeau, ſçavant avec lenteur,
Exprime ici, dans ce marbre enchanteur,
Le peuple heureux, le laboureur tranquille, (a)
Sûr de jouir du fruit de ſes travaux.
Là, préſentez aux portes de la ville
Cet inſtitut autant noble qu'utile;
De nos guerriers, de nos jeunes héros,
L'Ecole ouverte auprès de leur aſyle.

(a) Je me ſuis applaudi lorſque j'ai vû que M. D. M. dans ſon Ami des Hommes, a eu la même idée que moi, & que même de cette idée il en a fait le Frontiſpice de ſon Livre. Ma premiere édition a précédé la ſienne.

Dans maint cartouche à vos efforts docile,
Mettez les Arts, les Talens caressés ;
Tous les Etats en leur place fixés ;
Le Magistrat à ses devoirs fidéle,
Servant à tous de frein & de modéle ;
L'homme d'Etat devenu citoyen ;
Le grand Seigneur ne pouvant que le bien :
Et pour l'honneur de l'Europe sçavante,
Repréfentez la Raison triomphante,
Sur les débris des Préjugés divers,
Pendant son régne éclairant l'Univers.

Pour rendre mieux la publique allégresse ;
Examinez ce peuple qui s'empresse :
Voyez, voyez dans ses yeux satisfaits
L'expression que tire la Tendresse
Du fond des cœurs touchés de ses bienfaits.

Que pour forcer l'Univers à la paix,
Dans cette main prête à tout mettre en poudre,
Ne puis-je voir le Trident & le Foudre !

Mais quel écart ? Quels mots audacieux !
Muse, entrez-vous dans le conseil des Dieux ?
L'excès, sans frein, d'une vaste puissance
Seroit sans doute un malheur pour la France.
Un fleuve altier, trop grand par ses efforts,
Souille ses eaux du limon de ses bords ;
Sujet d'effroi pour la Nymphe plaintive.

Muſe, ainſi qu'elle, en ce moment craintive,
Baiſſez les yeux, reprenez vos leçons,
Et ne parlez jamais que de Chanſons.
Mais c'eſt en vain : votre feu ſe conſume,
Et votre main laiſſe tomber la plume.
Je vous entends : vos regards éblouis
Ne voyent plus ; ils ont fixé Louis.

FIN.

N O T E S.

POUR faciliter l'intelligence de quelques endroits, où j'ai employé la Fable, j'ai mis ces notes. J'ai douté si je les placerois au bas des pages ; mais cela interrompt le fil de la lecture, & n'apprend rien au lecteur instruit. La Poëfie, qui dans fa marche n'a que des liaifons imperceptibles, qu'elle fe fait même un mérite de cacher, doit écarter, autant qu'elle peut, des yeux de fon juge, tout motif de diftraction : il ne fied qu'à un ouvrage dont la fortune eft faite, de placer fix vers de texte, fur un commentaire en deux colonnes de dix-huit lignes chacune.

PREMIER CHANT.

* *Page* 152. *ligne* 14. Ixion, Roi des Lapithes, fut reçu à la table de Jupiter, & y conçut pour Junon une paffion peu refpectueufe. La Déeffe ayant offert aux yeux du téméraire un nuage revêtu de fa divine reffemblance, il donna à fon crime toute l'authenticité poffible. Jupiter irrité, le précipita dans les enfers, où il fut attaché fur une roue qui tourne fans ceffe.

* *Ibid. lig.* 14. Tantale, Roi de Phrygie, fut de même qu'Ixion, reçu à la table des Dieux. Pour faire

un essai de l'intelligence divine , il leur fit servir parmi les autres viandes, son fils Pelops, coupé par morceaux. Les Dieux ne furent point dupes , à l'exception de Cérès , qui mangea par distraction une partie de l'épaule. Jupiter ressuscita Pelops ; & ne pouvant lui créer une autre épaule, lui en mit une d'ivoire. Tantale fut condamné dans les enfers à une faim & une soif éternelle , irritées par l'eau & les fruits qu'il a sans cesse devant les yeux; (image de tout les temps consacrés à l'avarice.)

* *Ibid. lig.* 17. Orphée , Poëte célébre , fils d'Apollon ; musicien si excellent , que descendu dans les enfers pour en retirer Euridice (& elle étoit sa femme,) les doux accords de sa lyre & de sa voix , suspendirent les châtimens des criminels, arrêterent la roue d'Ixion , firent oublier à Tantale , & sa faim & sa soif, & opérerent les prodiges dont je parle.

* *Ibid. lig.* 18. L'Ebre (aujourd'hui Mariza) fleuve de la Thrace , aux environs duquel Orphée pleura la mort de sa femme. Les Phrygiennes jetterent dans ce fleuve la tête d'Orphée , qu'elles avoient tué pour se vanger du mépris qu'il avoit pour elles.

* *Ibid. lig.* 21. Les Danaïdes ; elles étoient cinquante, & filles de Danaüs , Roi d'Argos. Elles épouserent leurs cousins-germains , fils d'Egyptus , & la premiere

nuit de leurs nôces les égorgerent. Une d'elles feulement fauva fon mari. Les quarante-neuf coupables furent condamnées dans les enfers à remplir d'eau une
cuve percée. Je ne vois pas trop le rapport que ce châtiment peut avoir avec le crime.

* *Ibid. lig.* 22. Les Euménides, plus connues fous le
nom de Furies. Ce font trois fœurs, armées de fouets &
de ferpens, & occupées à tourmenter les criminels.

* *Page.* 159. *lig.* 14. J'ai effayé de traduire ce vers
de Virgile :

Et timidæ matres preffere ad pectora natos.

CHANT DEUXIÉME.

* *Page.* 162. *lig.* 8 & 9. Si ce que j'ai dit avoit eu
befoin de preuves, j'aurois pu demander ce qu'eft de-
venue la célébrité (je ne dis pas du cocher de Verta-
mont, dont la baffeffe du ftyle avoit de tout temps dé-
voué fes chanfons à l'oubli) mais celles des Blois, des
Marigny, & de Coulange avec fon éternel air de Jo-
conde. Les Auteurs vivans s'emparent des anciennes
penfées, qu'ils mettent fur des airs nouveaux ; & de
même que leurs prédéceffeurs, placent (pour ainfi dire)
leur réputation en rente viagere. Toute réflexion faite,
fi elle n'eft pas la meilleure, elle eft la plus fatisfaifante.

* *Page.* 166. *lig.* 5. Sapho , de Mitylene , ville capitale de Lefbos (Ifle de l'Archipel.) Il nous refte d'elle quelques poéfies qui font d'une grande beauté. Le Dieu des vers ne la garantit point des furprifes de l'amour. Elle aima un jeune homme nommé Phaon , qui lui fut infidele : elle alla le chercher en Sicile , où il s'étoit retiré. Rebutée & méprifée par cet ingrat , pour fe guérir de fa paffion , elle eut recours à un remede fouverain , & ufité alors ; elle fe précipita dans la mer , du haut du promontoire de Leucade , & en mourut. Elle étoit la premiere femme , & non le premier homme qui eut effayé de cette façon de fe délivrer d'une paffion malheureufe. Le moins qu'il en pouvoit arriver étoit d'en revenir difloqué , & moins aimable, Mlle. de Scuderi fut appellée la Sapho de fon fiécle. La pofterité aura de la peine à en deviner la raifon , la flatterie éleve des trophées d'argile , que le tems n'a pas de peine à diffoudre.

* *Page* 169. *lig.* 5. 6. & 7. Anacréon , Poëte célebre , natif de Theos , ville d'Ionie. Policrate , Tyran de Samos, l'attira à fa cour , & le combla de bienfaits. On dit qu'il s'étrangla à l'âge de 85 ans, avec un pepin de raifin , qu'il ne put avaler. On prendroit volontiers cette circonftance pour une façon plus honnête de dire qu'il eft mort ivre. Quoiqu'il en foit , rien n'approche de fes poéfies pour la douceur & la molleffe du ftyle. On

nous en a fait espérer une nouvelle traduction en vers qui seroit meilleure que les précédentes , à en juger par une Ode inserée dans l'Année littéraire. La Fontaine en a traduit quelques-unes parfaitement , mais en se rendant maître de son original.

*Page 170. lig. 9. Pireneus , Tyran de Thrace , regnoit sur la Phocide. Il apperçut les Muses qui s'en retournoient au Parnasse. Il alla au-devant d'elles très-poliment , leur offrit son palais , leur représenta que l'air étoit chargé de nuages , & les persuada. Lorsque les neufs Sœurs voulurent suivre leur route , il ferma les portes , & leur fit des propositions dont il n'attendoit pas la réponse. Elles s'envolerent par la fenêtre. Il voulut les suivre , mais les aîles du desir ne lui suffirent pas , & il se tua. Le reste de la fable que je rapporte est tiré d'un manuscrit Grec , comme de coutume.

*Page 171. lig. 26. Le mont Ida , à quelque distance de l'ancienne ville de Troye. Cette montagne fut célebre par le sommeil de Jupiter (dans Homere ,) par le jugement de Pâris , & plusieurs autres aventures.

*Page 172. lig. 1. Léda ayant eu le bonheur de plaire à Jupiter , le maître des Dieux se changea en Cygne ; & elle fut mere de deux œufs , desquels sortirent Castor & Pollux. Nos animaux domestiques , les Chiens , les Chats , les Serins , Mimi , Filsils , Liron , seroient encor pour les Dieux, les moyens les plus furs pour fe faire aimer, & les plus prompts pour triompher.

CHANT TROISIÉME.

* *Page* 173. *lig.* 5. La Bactriane, grande partie des Indes, dont Bacchus fit la conquête.

* *Ibid. lig.* 6. Ariadne, fille de Minos, fut abandonnée par Thefée dans une ifle deferte de l'Archipel ; & y fut rencontrée par Bacchus, dont elle reçut quelque confolation.

* *Ibid. lig.* 11. Penthée Roi de Thèbes, qui ayant méprifé les myfteres de Bacchus, fut mis en pieces par fa mere & fa fœur, aidées des autres Bacchantes. J'aime cette hiftoire, elle prouve jufqu'à quel point le vin peut égarer la raifon.

* *Page* 176. *lig.* 13. J'ai écrit boête, & non boîte, tel qu'il eft dans l'Encyclopédie. Je ne fçais par la raifon qui a déterminé à lui donner un I, au lieu d'un E : mais ce mot devient confondu avec le verbe il *boite*, & le mot *boite*, un vin qui eft dans fa *boite*. Quant à moi, je fuis fâché qu'on enleve aux rimeurs François une rime en *ére*, qui étoit déjà affez rare.

* *Ibid. lig.* 17. Quelqu'un m'a dit que *flamme* & *enflamme* ne devoient pas rimer enfemble. Je n'en

sçais rien : mais si cela est, j'en aurai mieux imité les paroles de ces Ariettes, qui souvent n'ont ni rime ni raison.

* *Page* 77. *lig.* 24. Apollon avoit une Prêtresse à Delphes, mais des Prêtres à Delos, où, comme dit Fontenelle, il ne s'agissoit point de déraisonner.

* *Page* 79. *lig.* 22. L'ami de Mécène, Horace, Poëte célebre, qui sçut donner à la protection du favori d'Auguste, la seule récompense digne du protecteur & du protegé : il lui voua l'amitié la plus désintéressée. L'exemple a été peu suivi : il est vrai que nos Mécènes n'intérrogent guere de nos Horaces, que l'esprit, & non le cœur. Cependant des amis de M. Fouquet dans sa disgrace, Pelisson & la Fontaine ne se font point démentis. Qui peint vivement, sent de même. Quand au nom de Mécène je l'ai presque toujours vû donner injustement, ceux qui le reçoivent devroient penser qu'un éloge sans justesse est une critique sans réplique.

* *Page* 80. *lig.* 26. *Faret* (Nicolas) de l'Académie Françoise. Son nom, qui rimoit à cabaret, lui a fait donner faussement la réputation d'un débauché, dit M. Pelisson dans son *Histoire de l'Académie.*

* *Page* 81. *lig.* 7. Crenet, marchand de vin, du temps de Boileau ;

Et vendu, chez Crenet, pour vin de l'Hermitage.

* *Ibid. lig.* 14. Je n'ai point inventé cette plaisanterie : elle eſt expliquée tout au long dans le commentaire ſur Boileau, par Broſſette , p. 488. de l'édit. *in-4°.*

* *Page* 82. *lig.* 25. *Oſtracifme.* Je me ſuis ſervi ici de ce mot , pour exprimer la punition la plus forte , ſans ignorer pourtant que l'uſage qu'on en faiſoit à Athènes contre un citoyen qu'on exiloit par cette voie , étoit ſouvent moins une punition , qu'une précaution que prenoit la République contre le trop grand crédit que donnoient à un homme ſes richeſſes & même ſa vertu : temoin Ariſtide.

CHANT QUATRIÉME.

* *Page* 183. *lig.* 7. Prothée, Dieu marin , fils de Neptune. Il prédiſoit l'avenir ; mais il falloit employer la violence : alors il prenoit toutes ſortes de formes, & ſe changeoit en lion , en tigre , en feu , en eau.

* *Ibid. lig.* 8. Ariſtée , fils d'Apollon & de Cyrene , ne s'effraya point des changemens de Prothée , & en le ſerrant avec de fortes cordes , il le força de ſatisfaire à ce qu'il demandoit.

* *Ibid. lig.* 9 & 10. Io , fille d'Inachus , fut aimée de Jupiter. Pour dérober ce nouvel amour aux regards de Junon , il la changea en vache : mais Junon l'ayant demandée à Jupiter , il eut la foibleſſe de l'accorder. La

jaloufe Déefle la donna en garde à Argus qui avoit cent yeux , & qui fut tué par Mercure.

Page 184. *lig.* 5. Les foldats de Céfar , dans un de fes triomphes, chantoient pendant la marche quelques vers libres & fatiriques fur Céfar & fur les Romains. Si je m'étois permis de mêler l'hiftoire facrée à l'hiftoire profane , j'aurois pu citer les filles d'Ifraël , qui chantoient que Saül n'avoit tué que mille Philiftins , & que David en avoit tué dix mille.

Page 185. *lig.* 13. Archiloque, natif de Paros, Poëte célebre par les vers Iambes qu'il a compofés , &, dit-on, inventés. Il écrivit contre Lycambe fon beau-pere , avec tant d'aigreur , qu'il le força de fe pendre de défefpoir. Les gendres à préfent font moins mordans , ou les beau-peres moins fenfibles.

Page 185. *lig.* 14. Até , Déefle de la Vengeance (dans Homere.)

Ibid. lig. 20. Roger-Rabutin , Comte de Buffi , fut un des beaux efprits qui parurent dans le fiecle de Louis XIV. Il fit quelques écrits , & je crois des Couplets fatiriques, qui le firent mettre à la Baftille , & le rendirent malheureux le refte de fa vie. Il eft auffi un de ceux du même fiecle dont la mémoire ne fera de quelque prix que pour les Hiftoriens.

* *Ibid. lig.* 26. On ne doute point à préfent de l'innocence de Roufleau. Il y avoit une puiffante cabale acharnée contre lui, dit M. de Voltaire ; & M. de Voltaire doit être cru. Pour moi fi je voulois prouver l'innocence de Roufleau , je ne citerois que les Couplets même. Voyez fes Epigrammes contre quelques perfonnes ; quelle naïveté malicieufe !

* *Ibid. lig.* 27. Les Juges peuvent faire innocemment de grandes injuftices. Themis , fous fon bandeau , ne peut difcerner l'artifice des paffions , du témoignage de la vérité.

* *Page* 188. *lig.* 22. Efope voyagea à Delphe , & dit aux Delphiens quelques vérités odieufes , dans une fable aflez claire. Pour fe venger de lui , ils mirent fecrettement dans fon bagage un vafe facré. On courut après lui ; on lui redemanda le vafe , il nia avec ferment ; le vafe fut trouvé ; & fur cette conviction apparente, Efope fut précipité du haut d'un rocher. Quelque temps après les Delphiens furent affligés d'une grande pefte ; l'oracle confulté , répondit qu'il falloit appaifer les mânes d'Efope. Ils lui éleverent une ftatue : la Grece nomma des Commiffaires pour faire punir les auteurs de la mort d'Efope ; mais il étoit mort.

* *Page* 191. *lig.* 17. Je ne fçais fi c'eft Alexandre Bertrand qui a le premier chanté des couplets fur le

Théâtre ; mais fon nom m'étoit plus favorable. Du refte, voyez les Almanachs des Spectacles.

** Page* 191. *lig.* 10. Le Sage, Auteur de Gilblas, fit avec d'Orneval, des volumes d'Opera-Comiques. On commence à les négliger : ils ne font cependant pas tous à rejetter. Ils ont prouvé qu'un Opera-Comique n'eft qu'un Vaudeville courant , qui change avec le goût de la nation , & dont la forme doit varier comme celle de nos frivolitez.

** Page* 192. *lig.* 1. Je crois, pour l'inftant ou je vis , l'Opera-Comique néceffaire aux autres Spectacles ; c'eft le feul (peut-être me trompai-je) où les Intéref-fez vont au-devant des Artiftes , & fouvent les talens les plus decidez font les moins rempans & les plus timides, c'eft le feul Théâtre où ils peuvent fe pro-duire fans conféquence ; une chute n'y paroît qu'un faux pas , & (pour jouer fur le mot) une Danfeufe y hafarde fes premiers , pour être fure des autres à l'O-pera. La mufique depuis la tolerance des Ariettes , peut s'y employer au ftile familier , étendre fon Dic-tionnaire de mots, trouver des réffources inconnues à l'Opera même, & qui tourneront à fon profit ; enfin fur ce Théâtre les Auteurs ont un moyen de s'exer-cer dans le genre Comique , qui de plus que le Tra-gique , exige de joindre au genie une connoiffance des mœurs & du cœur humain , plus délicate , plus étendue , & plus profonde. Il ne me paroît pas impoſſible qu'un homme de génie faſſe Œdipe & la Henriade à à l'âge de vingt ans , mais des ouvrages comme le Tartuffe & le Miſantrope ne peuvent être produits qu'après trente ans d'expérience. Qu'on me permette cette réflexion ſur le genre Dramatique. Un Auteur qui débute par une Tragédie , eſt toujours ſur de quelques admirateurs ; & l'Auteur Comique ſur la Scene Françoiſe à ſuccès égal , n'a que difficilement des approbateurs ; jamais après la répréſentation d'une Comédie nouvelle , le Parterre ne s'eſt enroué à demander l'Auteur , & cependant ne pourroit-on comparer le premier à un Voltigeur , & le ſecond à un Danſeur terre à terre ? Regardons-les l'un & l'autre du côté de l'utilité , prenons les meilleurs Tragédies de Corneille, de Racine , même celles de M. de Voltaire qui paroiſſent avoir un but plus direct vers la morale & l'inſtruction , ont-elles donné à la Nation plus de nobleſſe , plus de vigueur , plus de grandeur d'ame qu'elle n'en avoit dans les ſiecles précédens ? Je ne le crois pas ; les Tournois , les Duels , & toutes les pointilleries d'un honneur ſouvent mal entendu , ſembloient exercer davantage cette même grandeur d'ame maintenue encor par la pureté des alliances. Mais les Comédies de Moliere ont préparé la raiſon de ce ſiecle-ci , elles nous ont indiqué les reſſorts des paſſions. Le *pretioſiſme* , le *ſçavantiſme*, le pedantiſme, le charlataniſme, le faux eſprit ont fui devant le Ridicule, & la Comédie du Tartuffe a fait tomber des mains de l'Impoſture ſes armes ſacrileges, elle a briſé le maſque au front d'airain qui couvroit des ames de boue. Quel homme rare, que celui dont les regards percent à travers le fard de la politeſſe, & de la diſſimulation, dont la ſagacité découvre les vices, les ridicules, les petiteſſes, & qui cependant ne tire par ſes lumieres, qu'une raiſon de plus pour aimer les hommes, & qu'un moyen de les inſtruire & de les corriger.

** Page* 193. *lig.* 5. M. Piron a fait quelques Opera-Comiques. Il a dû peut-être à l'expérience qu'il a aquiſe ſur le Théâtre de la Foïre, la fermeté de la touche Comique avec laquelle il a traité la Metromanie. Il a groupé quelques figures avant de faire de grands tableaux.

Page 195. *lig.* 5 Le fleuve Scamandre (dans Homere) prie Achille de ne point ſouiller la pureté de ſes eaux par le maſſacre des Troyens, & d'écarter de ſes bords le ſang & le carnage. Le fier Achille n'écoute ni ſes prieres, ni ſes menaces : le fleuve irrité, raſſemble ſes ondes, accumule ſes flots, les pouſſe contre Achille, le preſſe, l'accable, le renverſe : le Héros

implore les Dieux. Junon envoie Vulcain à son secours. Le Dieu armé de feux devorans , poursuit le
Scamandre, fait bouillonner ses ondes , brule ses bords,
desséche ses rivages , & ne cede qu'avec peine aux ordres des Dieux , que le Scamandre implore à son tour.

Fin de la premiere Partie,

TABLE
DES MATIERES

Contenues dans cette premiere Partie.

Fin de la Table de la premiere Partie.

ERRATA.

Page 14 *Vers* 6 , *lisez* , ce raisonneur si fier de ses.
Page 17 *Vers* 12 , *lisez* , aimeroit-il le jeu , les femmes,
    non , que sçai-je.
Page 54 *Vers* 1 , *lisez* , nait d'abord , je les vois.
Page 56 *Vers* 6 , *lisez* , de l'ombre qu'il jette sur eux.